マドンナメイト文庫

禁断告白スペシャル 背徳の秘習—逆らえない性の掟

素人投稿編集部

第三章　背徳の快楽を味わい尽くす男と女

第四章　滾る肉棒を貪り求める渇いた女肉

※本書に掲載した投稿には、読みやすさを優先して、編集部でリライトしている部分もあります。なお、投稿者・登場人物はすべて仮名です。

第一章
淫靡の沼に溺れる熟れた女の肉体

行きずりの旅館で夜とぎを持ちかけてきた欲求不満の熟女たちの烈しすぎる肉責め

平石賢一　会社員・四十七歳

私が体験した話は、二十三年前の三月まで遡《さかのぼ》ります。

当時、私はフリーターをしており、東北地方に住む友人の家にバイクで遊びにいったときのことです。

友人宅に一泊し、ツーリングが趣味の私は遠回りして帰ろうとしたのですが、道に迷ってしまい、あたりは真っ暗で雪までちらつきはじめました。

途方に暮れていた最中、小さな村に行き当たり、旅館を見つけたときはどれだけホッとしたことか。

その旅館は六十代と思われる女将《おかみ》さんが一人で切り盛りしており、平日ということもあってか、宿泊客は私一人だけでした。

さっそくひと風呂浴びて山菜料理を満喫したところ、夜とぎの話を持ちかけられたのです。

こんな小さな村でまさかと思ったのですが、血気盛《さか》んな歳だったので、興味も手伝い、二つ返事で了承しました。

ドキドキしながら部屋で待ち受けていると、午後十時過ぎに四十前後のかわいい熟女が来て、とても驚きました。

お酒を飲みながら話を聞くと、冬の時期は農作物が取れなくなるため、男衆は都会に出稼ぎに赴《おもむ》く習慣が根づいているとのこと。つまり、人妻たちの性欲解消のために昔から行われている風習とのことでした。

都合がつけばほかの女性も呼べると言われ、胸騒ぎを抑えられなかった記憶があります。その女性は涼子《りょうこ》さんといい、小学三年の娘が一人いると聞かされました。

アーモンド型の目、小さな鼻にふっくらした唇と、まさにストライクゾーンど真ん中の女性でした。

酒に弱いらしく、コップ一杯のビールを飲んだだけで頬が赤らみ、うるんだ瞳とムンムンとした色気に男の分身がいやが上にも膨張しました。

「こんなおばさんで、ごめんなさいね」

「いえいえ、そんなことありません！　全然、魅力的です」

「そう言ってもらえると、お世辞でもうれしいわ」

彼女は私のとなりに来て手を握り、ペニスが早くもフル勃起しました。

どちらからともなく唇を寄せ、ソフトなキスから豊満な体をまさぐりました。

ドンと突き出た乳房とパンパンに張りつめたヒップの感触は、いまだに忘れられません。

彼女は旅館に来る直前に、シャワーを浴びていたのだと思います。

首筋から、ソープの香りがただよっていましたから……。

しなやかな手が股間に伸び、男のふくらみをなでられると、獣じみた性欲が暴風雨のように荒れ狂いました。

「あ、ううっ」

「すごいわ、もうこんなになって……やっぱり若いのね」

涼子さんは唇をほどきざま目をきらめかせ、口のすき間で舌を物欲しげにすべらせました。

その表情の、なんと色っぽかったことか。

「布団、布団に行きましょう」

「あぁン、待って、服を脱ぐから……きゃっ」

待ちきれずにセーターとインナーを頭から抜き取ると、彼女はノーブラで、まるまるとした乳房がたゆんと揺れました。

「お、おおっ」

「恥ずかしいわ、明かり……消してくれる？」

「は、はい」

言われるがまま照明を消し、スタンドライトのスイッチを押すと、涼子さんは立ち上がり、レディースパンツをゆっくり脱ぎおろしました。

総レース仕様の真っ赤なセクシーランジェリーを目にしたときは、脳みそが爆発するのではないかと思ったほどです。

ペニスはギンギンにいきり勃《た》ち、痛みを覚えるほど突っ張っていました。

「あなたも脱いで」

「は、はいっ！」

あわてて浴衣を脱ぎ捨て、トランクス一枚の姿になると、彼女はすぐさま抱きついてきて、私は布団に倒れ込みました。

またもや激しいキスからもちもちの肌の感触を堪能《たんのう》するなか、柔らかい手がトランクスのウエストから忍び込みました。

「あ、ふっ！」

積極的なふるまいに驚いたのも束の間、衝撃が身を駆け抜け、私は大口を開けて天を仰ぎました。

「はあァン……おっきくて硬い」

「む、むむっ」

彼女は量感と質感を確かめるようにペニスをいじり回し、あまりの快感に背筋がゾクゾクしました。

「ふ、布団に入りましょう」

「え、ええ」

布団にもぐりこんだとたん、私は攻守交代とばかりに熟れた肉体を責め立てました。

乳房をもみしだき、乳首を舐め転がし、右手をショーツの中に差し入れると、あそこはもうヌルヌルの状態で、肉びらは外側に大きくめくれ上がっていました。

「あ、うふンっ」

涼子さんは艶《つや》っぽい声をこぼし、腰を切なげにくねらせました。

熱い水源を指でなでつければ、愛液がくちゅくちゅと淫らな音を立て、スライドさせるたびに恥骨が迫り上がりました。

彼女もトランクスの上からふくらみをギュッギュッとわしづかみ、荒々しい性欲はもはや雨が降ろうが槍が降ろうが止まりませんでした。

ショーツを引きおろして足首から抜き取ると、私はすぐさま布団にもぐり込み、股のつけ根に顔を埋《うず》めたんです。

「あぁン、だめ……あふっ」

ムワッとした熱気とふしだらな匂いが充満するなか、うるおいたっぷりの女肉を一心不乱に舐め立てました。

あれほどクンニリングスに熱中したのは、初めてのことだったのではないかと思います。舌を跳ね躍らせ、愛液をじゅるじゅるすすり上げると、涼子さんは私の頭をつかんで喘ぎました。

「ああ、いい、いいわぁ、もっと舌先で突ついて……あ、そう、クリをこそぐようにするの」

なんと、いやらしい言葉を投げかけるのか。

激しい昂奮に駆られた直後、ヒップがビクビクとひくつき、涼子さんは早くもエクスタシーに達しました。

クンニリングスを始めて三分とたっていなかったのですから、よほど欲求が溜まっていたのだと思います。

「はあぁっ……気持ちいいわぁ」

「ぷふぁっ」

息苦しさから布団を剝ぐと、熟女は舌舐めずりしながらうつろな眼差しを向けました。

「私もしてあげる」

体位を入れ替えたところでトランクスをおろされ、赤黒く膨張したペニスがぶるんと弾け出ました。

「まあ、すごいわ……おっきくて硬くて、カリが突き出てて……亭主のより一回りは大きいかも」

涼子さんはうっとりした顔でそう告げると、裏茎をベロベロ舐め、はたまたソフトなキスを何度も浴びせました。

「あぁ、なつかしい匂いだわぁ」

「うぐっ!」

熟女は大口を開け、ペニスを真上からがっぽり咥え込みました。

あっという間に喉の奥まで吞み込まれ、首をS字に振ってきたときは、すぐに射精してしまうのではないかとあせったほどです。

彼女はすかさず顔のスライドを開始し、じゅっぽじゅっぽとペニスをしゃぶり立てました。

「くおおおっ」

思わず声をあげてしまうフェラチオは初めての経験で、やはり人妻は違うと感心するばかりでした。

快楽にどっぷりひたりつつ、道に迷ってほんとうによかったと、あのときは心の底から思ったものです。

ペニスによだれをたっぷりまぶされ、たらたら滴《したた》った唾液が陰毛を妖しく濡らすと、私の限界も頂点に向かって突っ走りました。

「そ、そんなに激しくしたら……」

「ううン、だめよ……こんなんでイッちゃ」

彼女は牡の肉を吐き出し、髪をかき上げながら甘い声音で咎《とが》めました。

「も、もう……入れたいです」

「私も、我慢できないわ。入れて」

熟女があおむけに寝転がると、私は待ってましたとばかりに足の間に腰を割り入れ、亀頭の先端を濡れた割れ目に押し当てました。

「い、ひっ！」

涼子さんは奇妙なうめき声をあげたあと、膣肉をうねらせ、ペニスを奥へと手繰り寄せました。

実は私、三十歳以上の人妻と肌を合わせるのは初めてのことで、しっぽりした肉洞はやけに温かく、チ〇ポを包み込んでくるような感触に目を白黒させました。

射精願望をこらえつつ、スローテンポのピストンで膣肉をえぐると、彼女は恥骨を下から突き上げ、自ら快楽をむさぼりました。

「ああ、いい、いいわぁ、もっと突いて、突いてぇっ！」

「む、むうっ！」

熟女の乱れようは凄まじく、膣襞でペニスをこれでもかと弾き転がされ、快感の嵐が股間の中心で吹き荒れました。

「あぁン、やぁ、イクっ、イクっ！」

「く、ぐうっ」

彼女はアクメに達しても腰の打ち振りをやめず、私はひたすら射精をこらえることに必死になっていたのではないかと思います。

結局、十分も保《も》たなかったのですが、その間、彼女は何度もエクスタシーに達し、絶えず金切り声をあげつづけました。

「はふンっ、すごいわ、またイッちゃいそう」

「ああ、そんなに腰を動かしたら、我慢できないです！」

「いいわ、いっしょにイッて、中に出して」

「い、いいんですか？」

「今日は安全日だから、大丈夫よ」

中出しの許可を受け、私は俄然やる気をみなぎらせました。そして射精に向け、ここぞとばかりに腰を振り立てたんです。

「はあぁ、いい、イクっ、イキそうよ」

「ああっ！　ぼくもイクっ、イッちゃいますぅっ！」

「イクイク、イックぅン！」

こうして私は膣の中に射精し、初めて会った人妻と甘いひとときを過ごしてしまったのです。

部屋の真向かいが風呂場になっており、シャワーを浴びたあとは二回戦に挑戦しました。

おそらく、女将さんは気を利かせて真正面の部屋をあてがったのだと思います。

涼子さんが部屋をあとにしたときは、午前零時を過ぎていたでしょうか。

朝までいたいけど、娘さんに気づかれないように帰らなければいけないと名残《なごり》惜しそうでした。

心も体もすっきりしたのですが、下腹部のモヤモヤは消え失せませんでした。

ほかにも、欲求不満の人妻を抱けるのではないか。

まったりしたセックスのとりことになった私は、男の性《さが》なのか、もう一泊して己の欲望をとことん満足させたいという衝動に駆り立てられました。

狭い村ですから、私の噂はあっという間に広まっていたようです。

さりげなく女将さんに夜とぎの女性を頼むと、さすがにびっくりしていましたが、含み笑いをこぼして承諾してくれました。

夕食の最中、女将さんから「二人同時にいい？」と言われたときは、驚くと同時に鼻の穴が目いっぱい開きました。

「二人……いっしょにですか？」

「子どもの目があるから、家を出る時間が限られてるのよ」

「相手の女性たちは、それで……いいんですか？」

「イトコ同士で気心が知れてるから、大丈夫みたいよ。お互いの家に行ってることにするんだって」

これから先、自分の人生で3Pを経験することなどないのではないか。

話を聞いた時点で性欲が燃えさかり、ペニスは勃ちっぱなしの状態でした。

イエスの返事をし、部屋で待ち受けていると、三十分ほどして二人の女性が現れました。

可那子《かなこ》さんは三十四歳のぽっちゃりタイプで、夫を二年前に亡くした後家さん。友希《ゆき》さんは三十一歳の人妻で、スリムな体型が魅力的な女性でした。

ルックスは涼子さんより劣ったものの、二人とも若いだけあって肌に張りがあり、抱き心地は最高によかったです。

この二人はとにかく積極的で、座卓で酒を飲みはじめたとたんに迫ってきました。

「胸板が厚いわ……何かスポーツしてたの？」

「あ、はい、高校時代にラグビーを……あうっ」

可那子さんは浴衣の衿元から手を忍ばせて乳首をいじり、逆サイドから友希さんが胸をなでさすりながら耳元で甘くささやきました。

「すごく逞《たくま》しそう、あっちのほうも強いんじゃない？」

「そ、そんなことは……ありません」

「あら、昨日は二連チャンだって、聞いたけど」

「ええ？　そんなことまでバレてるんですか？」

「今日は、何回イケるのかしら……ふふっ、私がお酒飲ませてあげる」

友希さんはビールを口に含んでから唇を重ね、さっそく舌を絡ませてきました。

彼女のキスがまた情熱的で、舌を引っこ抜かれそうな激しさだったんです。

頭をポーッとさせたとたん、今度は可那子さんの右手が浴衣のすそからもぐり込み、トランクスの上から股間をまさぐられました。

「む、むふっ」

当然のことながらペニスはおっ勃っている状態で、顔がほてると同時に全身の血が逆流しました。

夢にまで見た男のロマンに胸を弾ませた直後、帯を抜き取られ、下着を引きおろされました。

「お尻を上げて」

言われるがまま腰を上げると、トランクスを足首から抜き取られ、ペニスが反動をつけて跳ね上がりました。

「まあ……すごいわ。涼子さんの言ったとおり、カリ太だし、反り具合も最高だわ」

どうやら情報はすべて筒抜けのようで、少なからず複雑な心境ではありましたが、もちろん性欲が怯《ひる》むはずもありません。

私は友希さんとディープキスをしながら、薄目で可那子さんの一挙手一投足を見つめました。

「はあぁ、体の芯が熱くなっちゃったわ」

ふっくら熟女は溜め息をつくや、ペニスを握り込み、シュッシュッとしごきました。

「あぁンっ、やだ、まだ大きくなるの？　久しぶりに、楽しめそうだわ」

可那子さんの言葉に触発されたのか、友希さんは唇をほどき、身を屈めてペニスにらんらんとした眼差しを送りました。

「ホント……タマタマもおっきくて、スケベ汁がたっぷり溜まってそう」

二人は口元に微笑を浮かべながら、指先で胴体をツンツンと突つき、はたまた指で何度もなぞりました。

「く、くふっ」

「私が、先に食べちゃうから」

「ああン、可那ちゃん、ずるい……じゃ、私は横から」

「お、おおっ」

二つの唇が亀頭とペニスの横べりを這い、感動と昂奮が同時に襲いかかりました。

ひょっとして夢ではないのか、幻ではないのか。

私は口をだらしなく開け、ダブルフェラチオをぼんやり見つめていたのではないかと思います。

二人は唾液をペニスになすりつけ、可那子さんは徐々に顔のスライドを速めました。

ずちゅ、じゅぷっ、ぐちゅん、じゅぱぱっと、派手な音を立ててペニスを吸い立て、油断をしたら、すぐにでも射精へのスイッチが入ってしまうほどの激しさでした。

「はあぁ、可那ちゃん……私にも」

「あぁン」

友希さんはペニスを奪い取り、こちらも負けじと首を螺旋状《らせんじょう》に振りながら快美を吹き込みました。

「お、おおっ」

交互に舐めしゃぶられるたびに体温が上昇し、あのときの私は肛門括約筋を引き締め、射精の先送りを試みるだけで精いっぱいでした。

「はあっ、口の中でドクドクしてるわ」

可那子さんはそう言いながら立ち上がり、忙《せわ》しなく服を脱ぎ捨てて全裸になりました。友希さんもあとに続き、ふわふわとただよう甘ずっぱい発情フェロモンに頭がクラクラしました。

「こっちに来て」

「は、はい」

「浴衣を脱いで、あなたも裸になるの」

布団に移動してからは終始責められっぱなしで、この二人もかなり性欲が溜まっているように見えました。

「はああっ、舐めて、おマ◯コ舐めて」

友希さんが顔面騎乗で陰部を鼻と口にこすりつけ、可那子さんは騎乗位の体位からペニスを膣の中に招き入れました。

「もう入れちゃうから……あ、ふぅン、なかなか入らないわ」

「ぐ、くうっ！」

亀頭に猛烈な圧迫感を受けた直後、ペニスが膣の中に埋め込まれ、ズブズブと膣の奥に向かって突き進みました。

「あ、やぁぁあぁっ……すごい、子宮に当たってるわ」

友希さんの膣穴から垂れ滴る愛液を吸いつつ、私は強くも弱くもなくペニスを締めつける柔肉の感触に酔いしれました。

まったりした感覚にひたったのも束の間、可那子さんは巨大なヒップをドスンドスンと打ちおろしてきました。

「む、むぐぅっ！」

「はぁぁン、いい、いい、気持ちいいわぁ」

まさに腰骨が折れそうなピストンに、私は瞬時にして頂点に導かれました。

「むふっ、むふっ！」

「何？」

友希さんが腰を上げるや、私はしゃがれた声で我慢の限界を訴えました。

「はっ、ふっ、はっ、イ、イッちゃいそうです」

「だめだめっ、まだ入れたばかりでしょ？　次は、私なんだから！　可那ちゃん、代わって」

「あぁンっ……もうちょっとでイキそうだったのに」

「すぐにイカせちゃったら、楽しめないでしょ？」

「精力、強そうだし、二回でも三回でもイケるんじゃない？」

「一回目がコチコチで、いちばん気持ちいいの」

「いいわ、じゃ、今度は私の、舐めてもらうから」

可那子さんはさっそく私の顔を跨《また》いで女陰を口に押しつけ、友希さんがペニスを膣に差し入れました。

「む。むほっ」

スリムな熟女の膣の中は狭く、ペニスをキュンキュンに締めつけてくるんです。

射精寸前になると、またもや可那子さんに交替し、大量の愛液にまみれたペニスはいつの間にか樽のようにふくらんでいました。

こうして私は、寸止めと快楽地獄を延々と味わったんです。

「ああ、いいっ、いいわぁ」

「はあぁっ、この子の舌の動き、すごいわ！　すぐにイッちゃいそう」

どれほどの時間、責め立てられていたのか。

顔と下腹部に受ける圧迫感に頭が朦朧《もうろう》としましたが、快感の風船玉は限界までふくらみ、腰の奥が甘美な鈍痛感に包まれました。

「あぁン！　あたし、イッちゃう、もうイッちゃう!!」

友希さんが恥骨を前後に激しく振った直後、頭が真っ白になり、巨大な快感の高波が押し寄せました。

「ぐ、くうっ！」

陰部の下から大声を張りあげると、スリムな人妻は滅茶苦茶に腰を振り回し、こちらのストッパーも四方八方に砕け散りました。

「あぁ、おチ○チンがビクビクしてる」

「イキそうなんじゃない？」

可那子さんが腰を上げて振り返り、射精欲求が渦を巻いて迫り上がりました。

「あ、ぐうっ！」

友希さんが抜群のタイミングでペニスを膣から抜き取り、猛烈な勢いでしごき立てると、可那子さんも股間にかぶりつき、敏感な鈴口とカリ首に指をすべらせました。

「ああっ、イクっ、イッちゃいます！」

「出して、たくさん出してっ！」

「イクっ、イックぅぅっ！」

「きゃンっ、出た、すっごぉい!!　飛び跳ねたよ！」

筋肉ばかりか骨までとろけそうな快楽に、私はもう言葉さえ発することができませんでした。

半ば失神状態で、体を延々とひくつかせていたのではないかと思います。

二人の人妻はまだ満足できなかったのか、何度も求めてきて、合計四回は射精したでしょうか。

二人は三時間後に帰っていきましたが、翌日はさすがにヘロヘロの状態で旅館をあとにしました。

翌年の冬、もう一度行ってみたのですが、道順をどうしても思い出せず、村にはたどり着けませんでした。

地図で探しても、その村は掲載されていなかったんです。

いまでも人妻たちは悶々《もんもん》とした欲求を旅人の男に向けているのか、あの二日間のただれた体験を思い出すたびに股間が疼いてしまうんです。

元服を迎えた男子に性を教え込む四十路妻
手淫、シックスナインで目覚めた女の獣欲

大西裕子　主婦・四十一歳

私は、四国の山村に住んでいます。自然に囲まれたとてもいいところです。生まれたのも、ひと山向こうの集落なので、ほとんどこのあたりしか知りません。東京には高校の修学旅行で一度だけ行ったことがあります。キラキラして、ほんとうにテレビの中の世界でした。だけど住みたいとは思いませんでした。いえ、あんなに人も物もゴチャゴチャしたところに、住めるとは思いませんでした……。

都会の人には理解できないかもしれませんが、いまでも私たちの住む村には、大昔から残るさまざまな風習があります。村人にとって、とても大切なことなのです。そんな風習の中で、最近、私が体験した「元服《げんぷく》」の儀式の話をしたいと思います。

村で生まれた男子には、国が定めた成人とは別に、いまでも十五歳で一人前になるという元服の制度が残っています。多くの儀式が行われるのですが、その中でも、非

常に重要なものとして受け継がれているのが、「女」を知る行事なんです。

どうすれば女は悦び、ふだんはおくびにも出さない淫らな姿を見せるのか……そんな女の本性を知らなければ、一人前の男とはいえないということなんでしょう。

そして、女を教える役目を担うのが、村に住む子持ちの女と決められています。

村で生まれ育った男衆は、自分も十五歳のときに経験しているので、みんな元服の行事のことを知っていますが、他村の人間に口外することはありません。自分の女房が女を教える役目になっても黙って受け入れます。それも村の掟《おきて》なのです。

昔は一年に何人もの男子が元服を迎えたので、村に嫁《とつ》いだ女で、その行事を経験しない人はいなかったそうですが、いまでは村も過疎化が進み、何年も十五歳になる男子がいなかったりして、その役目を担《にな》うことなく年を取っていく女性もいます。

ただ、その伝統を守るために、村の主婦による婦人会には、風習のこととなりがしっかりと受け継がれていて、公民館の奥には〝そのため〟の部屋もあるんです。

そして、今年、三年ぶりに十五歳を迎える男子がいて、「四十路で最も若い嫁」という行事のしきたりに従って、私が役目を担うことになったんです。

行事は三日間続きます。その初日、夫は何も言わずに送り出してくれました。

公民館の奥にある部屋は、八畳ほどの広さで、壁の天井近くに立派な神棚が設《しつら》えてありました。その日のために畳替えをしたばかりなのでしょう。真新しいイグサの香りに包まれていました。部屋の中央には大きな布団が敷かれていました。

私が用意されていた長襦袢《ながじゅばん》に着がえて、その部屋に入っていくと、元服を迎えた男子が浴衣《ゆかた》のような白装束《しろしょうぞく》に身を包んで、布団の上に正座していました。

「よ、よろしくお願いします。村上浩一《むらかみこういち》です」

「緊張せんでええのよ。立派な男になってや……さあ立って」

枕元には、白磁の器に入ったお神酒《みき》が用意されていました。

私はそれを一口含んで、立ち上がった浩一くんに近づいていきました。向かい合うと、坊主頭の中学三年生と私の身長は、ほとんど同じ高さでした。

私は彼の両頬を手で押さえて、顔を近づけていきました。

「ん、いっ……うぐ」

女を教えるといっても儀式ですから、いくつか決められたことがあります。その一つ目が、お神酒を口移しで飲ませてからの「口吸い」、つまりキスなのです。

私は、ガチガチに力の入った彼の唇をゆっくりとほぐすようにしながら、お神酒がこぼれないように注意して、少しずつ、少しずつ移していきました。移し終えてから唇を離すと、鼻先がふれそうな距離に彼の真っ赤な顔がありました。

「女はみんなキスが好きじゃけん、いっぱいしてあげるんよ」

コクコクと何度もうなずいた彼の腰に腕を回すと、熱い体温が伝わってきました。精気に溢れた若い男子の香りが鼻の奥まで満ちてきました。

「ね、浩一くんも……抱いて」

ぎこちなく肩に手を回してきた彼に、私は体を預け、腰に回した腕を引き寄せるようにして抱きしめました。胸もお腹も下腹部のあたりも密着しました。そのまま再び唇を重ねました。吸いつき、うごめかせ、こすりつけていきました。

右に左に首をかしげて、唇の合わせ目を舌でなぞっていると、彼の唇が開いていきました。私はすかさずその中に舌を突き入れて、歯と歯茎の間から口腔の奥までかき回し、アタフタする彼の舌を、舌で追いかけ回して絡みつかせました。

「はぅ、クチュ、グチュッ……」

キスをしながら、お互いの背後に両手を回して、抱きしめ合い、まさぐり合いました。切なげな吐息が混じって、絡み合う舌の動きが激しさを増していきました。

むさぼり合う唇から唾液がしみ出してヌルヌルとすべりました。密着した胸の間で乳房がつぶれて、大きくなったペニスが私の股間を押し返してきました。私たちは襦袢と白装束の下には何も着けていなかったので、よりはっきりと伝わってきたんです。

「当たってるよ……すごく硬いんだね」

そう言って私は、襦袢越しの恥骨のふくらみでペニスをこすり上げました。

「ううっ、そ、そげなこと……」

若々しいペニスの感触をもっと味わいたかったんです。彼の背中をなで回していた両手を尻まで這いおろして、グイグイと引っぱり寄せました。

「あぁ、めっちゃ元気なんが、すごぉ当たってくる」

私が夢中で腰を振り、股間の土手とペニスをこすり合わせていると、彼の両手が私の腰のあたりを行きつ戻りつ、躊躇《ちゅうちょ》しているのがわかりました。

「浩一くんも、さわってええのよ」

私の声に促《うなが》されるように、彼の両手が、私のお尻を包んできました。

「ど、どなんふうに、さわったらええの？」

「私は、強うに……もまれるのが好きやよ」

自分の言葉に首筋まで赤くなるのがわかりました。

彼は、いきなり十本の指全部を曲げたり伸ばしたりしました。ムニュッ、ムニュッともみながら、二つに割れたお尻の肉を互い違いにこね回していました。

「そ、そんなに……ええんよ、いっぱいもんで」

「女の人の尻って、こんなに柔らかいんじゃね」

「あッ、あッ、すごい、浩一くん」

私は自分が興奮しているのをごまかすように、再び唇を重ねました。若い力で強烈にお尻の肉をもまれ、口が半開きになって、唾液が顎まで濡らしました。彼の坊主頭をなで回しながら、グッ、グッと股間をしゃくり上げました。

「ね、おっぱいもさわってみたい?」

彼がブンブンと首を縦に振りました。私は彼の両手を襦袢の襟から中へと誘っていきました。彼の手が震えているのがわかりました。

「おっぱいは、あんまり強うせんでね」

遠慮がちな乳房のもみ方が心地よくて、私はすぐにでも彼を押し倒し、思いのままに挿入したい誘惑にかられましたが、女を教える元服の儀式だということを自分に言い聞かせて、なんとか思い止まることができました。代わりにこう言いました。

「乳首がコリッとしてるじゃろ。つまんで、いじって」

「うん」と言った彼が、両乳首を親指と中指で転がしてくれました。

「アアン、すごく敏感になっとるよ」

クリクリとこね回されて、私はもう我慢できませんでした。両手を彼の下腹部にスッとおろして、白装束の袷《あわせ》の布を左右に広げてしまいました。

するると、勃起したペニスが弾けるように飛び出して、そそり立ちました。

「こ、ここはもう……立派な大人じゃね？」

大きく張った亀頭の先っぽに、我慢汁がしずくを作っていました。私は彼の顔と亀頭、交互に視線を走らせながら、我慢汁をペニスに塗り込みました。

「いっ！　うっ！　き、気持ちええ」

我慢汁でヌルヌルになったペニスを両手で互い違いに握って、ひねりを利かせてしごきました。ヌチャッ、ヌチャッとねばった音が神棚まで響いているようでした。

「ダメ、待って。もう出そうや」

「我慢せんでええんよ。まだ初日じゃけん」

私はさらに激しくペニスをしごきました。それに合わせて、彼の下半身が痙攣するように震えていました。睾丸の袋がキューーッと収縮しました。

「ウッ、くぅっ、イク……出る！」

その瞬間、亀頭が弾んで、白濁液が飛び出しました。濃い精液が続けざまに何度も飛び出しました。私は射精の光景を食い入るように見つめていました。

「いっぱい、いっぱい出してええんよ」

最後の精液がヌルッと尿道口から顔を出すまで、ペニスをしごきつづけました。

「浩一くん、今日は……これで終わりじゃから」

それも元服の行事の決め事で、一日目は一回射精したら終了なのです。

私も彼も、その日の行事が終わればふつうに帰宅します。私は何事もなかったように家事をこなしながら、しきたりに則《のっと》った儀式に向かう気持ちと、うぶな男子を自分の体で男にする性的な興奮で、夢の中にいるような不思議な心持ちでした。

二日目の儀式も同じように始まりました。気のせいか、浩一くんが前日より大人に見えました。そして、その日のキスは最初から舌が絡まり合ったんです。

「もっとエッチなキスもあるんよ。舌、突き出してみて」

私はのぞき込むように首をかしげて、一所懸命に舌を突き出している彼の頬に手を添えて、その舌をヌメヌメと呑み込んでいきました。そのまま自分の口の中に、彼の舌をピストンのように出し入れしました。

「グジュッ、グジュジュッ、ジュバッ……」

すると、彼が自ら両腕を伸ばして、私のお尻をもんできたんです。左右の柔らかい肉をグイグイと持ち上げ、互い違いにこね回していました。これでもかというほどもみくちゃにされて、私は全身がゾクゾクと粟立ってしまいました。

「も、もう……覚えてしもうたのね、女ん尻のさわり方」

彼の耳を舐めながらそうささやいて、私は、昨日の続きというようにペニスに手を伸ばしていきました。自分でも驚くほど興奮していました。すでに勃起した亀頭の根元を握ってクイクイとしごき、指をカリ首に引っかけてねじ回しました。ゆっくりと強く、軽く握って、早く欲しがる自分をじらすように愛撫しつづけました。

「こうやって、浩一くんも毎日、自分でしとるんじゃろ？」

返事の代わりに彼の耳まで染まり、クチュクチュと音が響くほど、我慢汁が溢れ出してきました。私は彼の右手を襦袢の袷から中へと導いていきました。

「昨日、ここはさわらんかったもんね」

恥骨のふくらみをおおった彼の手を、私はさらにその上から包んで、さわり方を教えるように指先を動かしました。関節を曲げ伸ばし、回転させました。

「どうなっとる？」

「な、なんか熱うて、ヌルヌルゆうか、ネチョネチョゆうか……」

ぎこちない指先に、私の興奮はさらに上昇していきました。

行事のしきたりにはありませんが、それも女を教えることになるだろうと思って、彼にアソコをさわらせながら、こんな話をしていきました。

「女がエッチになっとる証拠よ。男が勃起するように女は濡れるんよ。でさぁ、女だって、みんな自分でするんよ。浩一くんは学校に好きな子、おるん？」

「え……ま、まあ、好きゆうか、気になる子はおるけど」

「その子もしとるんやろうな。好きな女子は清純に見えるかもしれんけど、思春期ゆえば、エッチなこと考えては……オマ○コ濡らして、自分でさわっとるんじゃから」

その瞬間、私が左手で握っていたペニスが、ビクビクッと弾みました。

「でもな、女子は恥ずかしいから、エロいことばっかり考えてるとか、オナニーしてるとか、よう言わんのよ。セックスする相手の前でだけ、いやらしい自分をさらけ出すん。そうさせてあげるんも、男の役目じゃけんね」

「う、うん……わかった」

それから私は、右手で浩一くんの中指をクリトリスに誘導していきました。

「ほら、ここに、コリッとしたところがあるじゃろ……あうッ」

勃起して剝き出しになったクリトリスは、わずかにふれただけで、電流が走るほど敏感になっていました。彼の中指にこすりつけるように腰を振ってしまいました。

「こ、ここ……ここが、女を狂わせるスイッチじゃけえね。これからセックスするときは、いっぱいさわってあげまいよ。そ、そう、そうやって……あぅ、感じるぅ」

クリトリスに密着した浩一くんの指が、押し回したり、ふるわせたりしてきました。

「うぅ……んぐぅ、むうぅぅ……おかしゅうなってまうぅ」

私はまたしても、ペニスを挿入したい激しい衝動に駆られましたが、まだ教えなければいけないことがありました。スッとしゃがんで、白装束の前を大きく広げました。

「男ん人のをしゃぶると、女も興奮するんよ」

反り返ったペニスの根元を握り、カリ首、裏筋に舌を這い回らせました。

「そ、そんな……いっ、ああっ！」

赤い紅《べに》を刺した唇を先っぽに押しつけ、ヌメヌメとペニスを咥えていきました。挿入の前にフェラチオを教えることも、行事手順に記されていたんです。

亀頭のずっと奥まで咥え込むと、私の口の中は若々しく硬直したペニスでいっぱいになりました。唾液を溜め、首を振って、ペニスに唇を往復させました。指が食い込むほど彼の太腿をつかんで、ハトのように首を振って、ペニスを口の中に出し入れさせました。カリの傘から根元まで唇でしごきつけました。

「ああぁ、うぅ、すごい！」

グチャッ、ジュブッ、ブジュッとことさらにねばった音を響かせ、糸を引く唾液を滴り落としながら、夢中でフェラチオする淫らな女の顔を見せつけたんです。

「あぁ、また……もう出てまうよぉ」

浩一くんの情けない声に、私はヌルッとペニスを吐き出して言いました。

「ええよ、このまま口の中に、出してええけんね」

言い聞かせるようにつぶやいて、さらに強烈なピストンフェラを続けました。二日目も一回射精したら終わりの決まりです。ここまでくると、私には、挿入は三日目にとっておきたいというような、いやらしい気持ちがあったような気がします。

「あっ、あっ、出る！」

次から次へと、濃い精液が溢れ出てきました。私はそれを全部口の中で受け止めて、ペニスの脈動が止まってからゴックンと飲み干したんです。

「今日はこれで終わりだけど、ちょっと指貸してくれんね、浩一くん」

オズオズと差し出した浩一くんの右手を、私は襦袢の奥の女性器に導いていきました。中指と薬指を濡れた膣口にあてがうと、ヌメヌメと埋まっていきました。

「んん、これが女の穴よ。どなん感じ？」

「こなんとこに……入れたら、いったいどげんに……」

「明日はここに、浩一くんの……チ○ポ、いっぱい入れてな」

そして、いよいよ三日目の儀式が始まりました。私と浩一くんは、二日目までの復習のように、唾液まみれのキスをして、お互いの性器を手で愛撫しました。私はすぐにペニスを入れたかったんですが、女性器を見せるという手順があったんです。

「オ、オマ◯コ……見たい？」

彼はゴクッと唾を飲み込んで、頭をコクコクと打ち振りました。

私は「ええよ」と襦袢を脱ぎ捨て、布団の上で両脚をM字に開きました。すると彼が、這いつくばるようにして、開いた内腿の間に顔を突っ込んできました。

「は、恥ずかしいけど、ええんよ……もっと近うで見ても」

そう言って私は、両手を股間に這いおろし、小陰唇を左右に広げたんです。目を血走らせて、さらに陰部に顔を近づけてきた彼に、こうささやきました。

「女が狂ってまう、クリトリスは、どこ？」

浩一くんはぷっくりと勃起した突起に、指を押し当ててきました。そのままなで上げ、ふるわされて、私はビクビクと股間を突き上げてしまいました。

「あぅ、気持ちええ。ねえ……クンニはできる？」

浩一くんの口唇に陰部をこすりつけながら、私はもう我慢できませんでした。

「ね、浩一くん、自分で入れてみて」

布団の上にあおむけになって、膝を立て、内腿を大きく開き、受け入れの体勢を取ったんです。彼が鼻息を荒くして、私の脚の間に腰を埋めてきました。反り返るペニスを指で押し込み、亀頭で膣口を探っているようでした。

「あれ、どうして、ここでええんやないの？」

あせればあせるほど、見当違いな場所に亀頭を押し込んでいるようでした。

私はなにげない顔で、股間にスッと手を伸ばし、亀頭をククッと押し込んで、女性器に当たる角度を変えました。亀頭の先っぽが膣口にぴったりとハマって、浩一くんが腰を押し出すと、グチュッとカリ首の下までが入ってきました。

「入ったよ……あんん、すごく硬い」

「これが、女ん人の……すげえ、気持ちええ、ああっ」

それが男の本能なのでしょうか、やみくもに腰を振ってペニスを出し入れしてきました。

私が「ちょっと待って」と発したときには遅かったんです。発情期のオス犬のように、ものすごい速さでカクカクと動く腰を止めようがありませんでした。

「うくッ、も、もう……出る！」

勢いよく私の中に発射された精液が、膣奥に当たるのがわかりました。

「ええのよ、最初は誰だってそうじゃけん」

そう言い聞かせて、私は下から彼を抱きしめました。半年前から体調と生理をととのえて、安全日に行事の日程を決めたので、中出しでも大丈夫なんです。もちろん三日目は射精の回数に制限はありません。私がイクまで、つまり、ペニスで女を満足させられる一人前の男になるまで、何度でも中出しできるんです。

「このまま続けるけんね、浩一くん」

私は抱きしめた両腕に力を込めて、両脚を彼の腰に巻きつけ、体をグルリと回転させました。挿入したまま、二人の上下が入れ替わって、密着したまま私が彼に跨《また》がる女性上位になったたんです。

「あッ、あんッ、まだ入っとるじゃろ」

私が腰を動かして、射精直後のペニスを出し入れさせていきました。

「ほら、全然小そうならんね、浩一くんの……チ○ポ」

むさぼるように耳を舐め、いやらしい言葉を吹き入れて、顔中を舐め回しました。舌を絡ませ、トクトクと唾液を流し込んでいきました。

「浩一くんのチ○ポ、私がイクまで出し入れしてええやろ」

そう言って私は、おおい被さっていた上体を起こして、騎乗位の体勢になりました。内腿が水平になるほど両脚を開き、膝に手を置いて、上下に腰を動かしました。私が腰を上げ下げさせるたびに、グチャッ、グチャッとねばった音を響かせながら、彼のペニスが、私の膣穴深くに突き刺さっていました。

「よう見て、こなんに入っとるよ」

「うん、うん、見えとう。頭がおかしくなりそうじゃ」

それを聞いた私は、膝を布団に着いて、浩一くんの腰にがっちりと跨りました。そして、乗馬の騎手のように腰を使い、全身を躍動させて、出し入れさせたんです。全身から汗が噴き出し、滝のように滴り流れていました。

「あッ、ええよ、すごく気持ちええ！」

私はそれが元服の儀式だということも忘れて、夢中で腰を上下に動かしました。

「浩一くんのチ◯ポが、私のオマ◯コの中で暴れとうよ」

「うっ、あうっ……また出る……」

「ちょうだい、私もイク、イッちゃう！」

入れたまま迎えた二度目の射精は、最初の射精よりも深く、長く、私もほんとうにイッてしまったんです。生まれて初めて女に挿入したペニスで……。

それで元服の儀式は終了でもよかったのですが、私の中のいやらしい女が、もっと欲しがっていました。どうしていいかわからないといった風情の彼を立たせて、私の愛液にまみれたペニスをフェラすると、また元気になりました。

「女はね、こなん格好で入れられるんも興奮するんよ、犯されてるみたいで」

私は神棚の下のほうの壁に両手を着いて、立ちバックの姿勢でお尻を突き出しました。浩一くんがフラフラと背後に近づいてくるのがわかりました。

「神様にも見したろうやないの。浩一くんが、一人前の男になるとこ」

「えっ」と小さな声が聞こえてから、亀頭が膣口にあてがわれました。私が四肢を踏ん張り、お尻をさらに突き出していくと、ペニスが埋まってきました。

「あぁっ、二回出したのに、すごく硬いね」

彼が私の腰をつかむようにして、グッ、グッと腰を動かしてきました。

「あッ、あッ、いい！　いっぱい犯して、後ろから」

すると彼は、私のお尻に指を突き立てるようにして、乱暴なほどにもみくちゃにしながら、とても童貞を失ったばかりとは思えない腰つきで出し入れを始めたんです。

グジュッ、グジュッと亀頭が脳天まで突き刺さってくるようでした。

「うれしい、突いて！　オマ〇コ、突いて！」

元服を迎えたばかりの男子の成長ぶりに、私の体は悦ぶばかりでした。亀頭も、ペニスも、お尻の肉をもみくちゃにする指も、目に見えるようでした。

「すごい、すごいよ、浩一くん。もう男じゃよ！」

疲れ知らずの若い体力で、いつしか私は何度も、何度もイッていました。

「あっ、くぅ、出そうだよ」

「来て、来て、出して、オマ○コの中に！」

激しく腰が前後して、その日、三度目の精子が打ち込まれました。

「あッ、いいっ！　子宮に当たっとるぅー」

長い長い射精が終わると、私の全身から力が抜けて、畳の上に崩れ落ちてしまいました。浩一くんも精根尽き果てたように横たわり、荒い息を繰り返していました。

「すごかったよ、浩一くん」

私が言うと、うれしそうに微笑みました。そして、その笑顔は自信に満ち溢れていました。明らかに昨日までとは違う、大人の顔になっていました。

無事に行事を終えることができた私は、ホッとして家庭に戻りました。ただ、その翌朝、小学生の子どもたちを送り出しても、夫が野良仕事に行かなかったんです。

無言のまま夫に抱かれました。いつもより激しく情熱的な突き入れでした。

集団就職で村を離れる私とのお別れにとあこがれの人がくれた甘美な初体験の味

三上次郎　無職・七十八歳

私は今年で七十八歳になる老人です。

中国地方の田舎にある小さな農村に生まれ、中学を卒業すると同時に集団就職で東京に出てきました。

当時（昭和三十五年）は高度経済成長の真っただ中で、働き手の足りない東京では地方から若い人材をかき集めていました。私のような中学を卒業したばかりの若者は「金の卵」と呼ばれ、重宝されたものでした。

貧しい農家の生まれで次男だった私は、早くから集団就職で東京に出ることが決まっていました。私も貧しい村で一生を終えるよりは、東京で一旗上げることを夢見ていました。

しかし一つだけ心残りだったのは、あこがれの裕子《ゆうこ》さんと会えなくなることでした。

裕子さんは私より四つ年上の、優しくとても美しい女性でした。

四人兄妹のいちばん下の彼女は、二十歳になれば嫁に出されることが決まっています。相手は隣村の有力者の長男です。

それまでは家の下働きと花嫁修業をして過ごし、やがて村を離れていきます。こうした口減らしも貧しい村ではよく行われていました。

お互いに似たような境遇だったからでしょうか、裕子さんは私のことを、幼いころから特別にかわいがってくれました。

私も彼女のことは姉のように思い、ひそかに恋焦がれてゆくようになりました。

十五歳の少年にとって、十九歳の可憐《かれん》な女性はひときわ魅力的です。田舎育ちとは思えない美しさと、なによりも成熟した大人の体つきに私はひかれていました。

たまに彼女の淫らな姿を夢に見ては、夢精をすることもありました。翌朝に気まずい思いで顔を合わせると、裕子さんは不思議そうにしていたものです。

しかし東京に出てしまえば、もう当分会うことはできないでしょう。

裕子さんもそれをわかっているのか、中学の卒業が近づくにつれさびしそうな顔をするようになりました。

「もうすぐ、次郎《じろう》ちゃんは村を出ていくのね。さびしくなっちゃうな」

「仕方ないよ。ここにいても畑仕事ばかりで大したことはできないんだから」

私たちはよく、二人だけで家の手伝いの合間に話をしていました。

お互いに粗末な野良着姿で、体からは泥と汗の匂いを漂わせていました。裕子さんのような若い女性であっても、おしゃれとは無縁の暮らしです。

ただどんなに粗末な衣服でも、裕子さんの美しさを損なうことはありませんでした。

何度も私は勇気を振り絞って告白を考えましたが、結局それはできないままでした。

すでに許嫁《いいなずけ》がいる相手では、手を出すことは絶対に許されません。

ならばせめて一度だけでも、裕子さんの体を抱きしめて口づけをしたい。純情な中学生だった私は、そんな淡い夢をずっと抱きつづけていました。

そして中学の卒業式を迎え、いよいよ明日は村を離れて東京に向かう日がやってきました。

学校の仲間とも別れをすませ、出発の身支度もととのえてあります。あとは明日を待つだけでした。

「次郎ちゃん、ちょっと来て」

すると家にいた私を、裕子さんが呼び出してきました。

ふだんの落ち着いた彼女とは、どこか様子が違います。やけにあわてて人目を避けるように、私を村はずれの神社まで連れ出しました。

神社の裏はほとんど人が来ないような場所で、男女の密会に使われているという噂もありました。

どうしてこんな場所に私を連れてきたのか、不思議に思っていると、裕子さんは真剣な顔でこう切り出しました。

「お願いがあるの。お別れの前に、一度だけを私を抱いていってちょうだい」

話を聞いて私は驚きました。それればかりか裕子さんは、おもむろに目の前で服を脱ぎはじめたのです。

「ちょ、ちょっと待って。こんな場所で裸になって人が来たら……」

あわてて私は目を逸《そ》らしましたが、すぐに視線を裕子さんの体に戻してしまいました。

すでに裕子さんはほとんどの衣服を脱ぎ捨てています。体に身につけているものは、ズロースと呼ばれる当時の女性の下着のみでした。

初めて見る母親以外の女性の裸に、私の心臓は止まりそうになっていました。

しかも相手はあこがれだった裕子さんです。見たくて見たくてたまらなかったはずなのに、どういうわけかまともに顔を上げることができません。

「ちゃんと、こっちを見て」

裕子さんに言われ、私はあらためてまっすぐ目を向けました。

見事に引き締まった、成熟した体つきでした。白い肌におわんのような形をした胸がきれいにふくらんでいます。

女性の体がこんなに美しいとは、このとき初めて知りました。

「昔はね、出稼ぎで村を離れる男の人には、餞別《せんべつ》に女性を抱かせる風習がここにはあったのよ。戦争中も兵隊さんになった男の人は、最後の夜に好きな女性を抱かせてもらったの。女の体も知らずに戦地へ向かうのは不憫《ふびん》だからって」

「ほ……ほんとうなの？」

「そうよ。だから私も次郎ちゃんに、最後の思い出をあげたいの。しばらくは会えないだろうから、一度だけ私のお願いを聞いて」

そう言われては、裕子さんの頼みを聞き入れるしかありませんでした。

とはいえ、私はまだ男女交際さえ経験していない子どもです。田舎育ちで性知識もなく、抱くという行為の中身もろくにわかっていませんでした。

せっかく裸になってくれた裕子さんを前にしても、私は何もできずに立ち尽くしたままだったのです。

「もしかして、どうすればいいのかわからないの？」

私は裕子さんの問いかけに、正直にうなずきました。

すると私を安心させるかのように、裕子さんは優しく微笑みかけながら、私の手を取ってくれました。

「まず胸をさわって。優しくなでるように、こうやって」

そう言うと、手のひらを胸に押し当てさせたのです。

伝わってきたやわらかな感触に、またも私は息を呑みました。

肌の温かさと、弾むような手ざわり。丸く突き出した胸のさわり心地に、私は一瞬で心を奪われました。

胸の先には、小指ほどの大きさの乳首が突き立っています。

手のひらでさわるついでに、そこも指で軽くなでてみました。

「あっ……」

裕子さんが小さく声を出したので、私はとっさに手を止めました。

「いいのよ、止めなくても。ちょっと変な気分になって、声が出ただけだから」

私はまだ裕子さんが感じていることに気づいていませんでした。変な気分とはどういうことなのか、疑問に思いながら胸の愛撫を続けました。

するとみるみるうちに、乳首が硬くとがってきたのです。裕子さんの息も、かすかに乱れてきました。

「次郎ちゃん、口づけをしてあげる。そのまま動かないでね」

裕子さんの顔が、すぐ目の前に迫ってきました。

気がつくと私の唇はふさがれていました。しかも唇同士でふれ合うだけでなく、舌まで入ってきたのです。

私が驚いていると、裕子さんはなおも舌を動かして口の中を舐めつづけます。夢にまで見た初めての口づけに、興奮で息が詰まってしまいそうでした。私が想像していたものとは何もかも違います。

「いまのが大人がする口づけよ。今度は次郎ちゃんが舌を入れてきて」

まるで先生に教わる生徒のように、私は素直に裕子さんの言葉に従いました。

たっぷりと舌と舌を絡め合ったところで、いったん体を離しました。裕子さんが裸になっているのに、私だけ服を着たままでは男らしくありません。

まだ桜が咲いたばかりの肌寒い季節でしたが、そんなことは気にしてられません。

大急ぎで上着を脱ぎ捨て、下着もすべて地面に落としました。

裕子さんは私の逸物《いちもつ》を見て、しばし言葉を失っていました。

二人で川遊びをしていたころは、何度も私の幼い逸物は目にしていたでしょう。しかしこのときは鋭くそそり立っていたのです。

すでに精通や自慰も経験し、亀頭をおおう皮も剝けたばかりです。あまりの変化にさぞ驚いたことでしょう。

「あんなにちっちゃかったのに……体だけでなく、こっちも成長したのね」

昔をしみじみと思い出すように裕子さんは言いました。

それだけではありません。逸物をそっと下からすくい上げるように、手のひらに包み込んでくれたのです。

「すごく硬くなってる。もう一人前の大人ね」

ほめられたうれしさよりも、裕子さんにさわってもらえた悦びが勝っていました。手のひらの温かさとやわらかさが逸物に伝わってきます。軽い力で握られているだけなのに、快感で体がふるえてしまいそうでした。

しかしすぐに手を離した裕子さんは、こう私に言ったのです。

「次郎ちゃんが全部見せてくれたから、私も見せてあげる」

まるで子ども同士が遊びで見せ合いっこをするように、裕子さんは最後に残っていたズロースを脱いでしまいました。

私の目に飛び込んできたのは、うっすらと股間に生えた毛と、縦に伸びた短い亀裂です。

生まれて初めて目にしたその場所に、私はしばらく釘づけになっていました。

「男と女が愛し合うときは、こうやって何もかも見せ合うの。相手のことをしっかり見て、自分の体も確かめてもらうのよ」

もちろん裕子さんが見せる相手は、将来嫁入りする隣村の男性です。幸運にも私はそれより先に見ることができたのです。

いったい何度裕子さんの股間を想像し、自慰にふけったことでしょう。ようやく思いが叶い、言葉を出すこともできません。

すっかり興奮した私は、早くも逸物が限界を迎えようとしていました。

「さっきから、どうしたの？」

裕子さんも私の異変に気づいたようです。

すでに私はこの時点で、射精したくてたまらなくなっていました。どうにもこらえきれず、股間を手で押さえて必死に我慢していたのです。

おそらくは私が何をしてもらいたいのか、裕子さんも察したのでしょう。

「手をどかして。私が、気持ちよくしてあげる」

私は裕子さんの言葉につられるように、逸物を押さえつけていた手を離しました。目の前に屈み込んだ裕子さんは、おもむろに私の股間を見上げ、両手で逸物を抱え込みました。

そのとき私は、信じられないものを目にしたのです。

なんと裕子さんは、抱えた逸物を自分の顔に向け、口に含んでしまったのです。

「んんっ……」

苦しそうな声を出し、唇がすっぽりと逸物の先を呑み込んでいました。

もちろん当時の私がフェラチオという行為を知るはずがありません。不潔な性器を裕子さんが口に含んでくれるなんて、想像もしていませんでした。

しかし、とまどいをかき消すように、すぐさま快感が駆け上がってきたのです。

裕子さんは舌で口の中の逸物を舐め、首を振りはじめました。

たまらずに私は、腰に力を入れて拳を握りました。こうでもしていないと、何もかも吸い取られてしまいそうです。

「ああ、ああっ……」

私は情けないほど弱々しい声をあげ、快楽にひたるばかりでした。

逸物は根元まで裕子さんの口の中にあります。唾液の温かさとなめらかさが、全体にしみ渡ってくるかのようです。

私が快感に耐えられたのも、ほんのわずかな時間でした。繰り返し唇を上下に動かされているうちに、我慢の限界を迎えたのです。

射精の直前、私は裕子さんに「出るよっ」と叫びました。

しかし裕子さんは顔をどけてはくれません。深く逸物を咥えたまま、噴き出した精液を受け止めてくれたのです。

汚い液体を口の中に放ってしまうなんて、申し訳ない気持ちでいっぱいでした。

そう思いつつ、私はあらがえないほど大きな快感に呑み込まれていました。何度も腰を波打たせながら、たっぷりと射精をしてしまいました。

ようやく裕子さんが逸物から口を離すと、口から白く濁った液体が大量に地面にこぼれ落ちました。

「ごめんなさい、我慢できなくて」

「いいのよ。次郎ちゃんとはこれでお別れだから、気持ちいいことをなんでもしてあげる」

もうすぐ嫁入りをする裕子さんは、私が知らない淫らな行為をいくつも知っているようでした。逸物を口に含んだのも、夫婦となる男女ではあたりまえの行為だと、私に教えてくれました。

さらに射精したばかりの逸物を、裕子さんは舐めてきれいにしてくれました。その最中に再び勃起してしまい、裕子さんを驚かせました。

「もうこんなに……逞しいのね」

なにしろ裕子さんが与えてくれた、最初で最後の機会です。そう思えば、一度や二度の射精では収まりそうにありません。

裕子さんは立ち上がると、神社の裏の腰をおろせる岩場に私を誘いました。周りには苔《こけ》が生い茂っているのに、そこだけがきれいに磨かれているのです。この場所に来る誰かが、同じような目的で使っていたのかもしれません。

「こっちに来て。ちょっと下が硬いけれど我慢してね」

先に岩場に横たわった裕子さんが、足を開いて私を待っています。

真正面から見た局部は、割れ目がうっすらと開きかけていました。薄桃色に染まった肉の谷間がわずかに顔を出しています。

私はこの眺めを目に焼きつけておくつもりでした。できることなら一生忘れることができないほど、しっかりと覚えておきたかったのです。

ここで思い出したのが、先ほど裕子さんに言われた言葉です。

男と女が愛し合うときは、何もかも見せ合うのだと。それならば隠れている性器の奥まで見せてもらおうと思いつきました。

「裕子姉ちゃんのここ、もっとよく見てみたい。開いてみてもいい？」

どうせ明日にはこの村を離れる身です。この際恥も外聞も忘れ、お願いをしてみました。

すると裕子さんは、快《こころよ》く私の頼みを聞き入れてくれたのです。

「わかったわ。恥ずかしいけど、よく見ておいてね」

そう言うと、自らの指で割れ目を広げてくれました。

隠れていた薄桃色の肉が、ぱっくりと顔を出しました。

あまりの卑猥な眺めに目がくらんでしまいそうです。小さな突起や薄い二枚の花びら、奥にあるすぼまった穴の入り口と、何もかもが丸見えでした。

私が隅々まで観察していると、目の前で穴が何度も口を閉じたり開いたりしていました。

「ここ、さっきからずっと動いてるよ。どうなってるの？」

私が指で軽く突くと、裕子さんが「あんっ」と小さく声を出しました。

「そこはオチ○チンを入れる穴よ。それぐらい、知ってるでしょう？」

私は「うん」と返事をしていましたが、ほんとうはそんなことも知りませんでした。

「指を入れてみて。中がどうなっているか、確かめさせてあげる」

そう言われ、恐るおそる穴の奥まで指を挿入してみました。

入り口はやわらかく、中はとても熱く複雑な感触です。奥のほうまでやけにねばっこく湿っていました。

「すごく濡れてる」

「男の人がオチ○チンを大きくするように、女の人はここが濡れてくるの。この液は気持ちよくなったときにしか出てこないのよ」

初めて聞く女性の体の知識でした。裕子さんの言葉は、学校のどの授業よりも耳に残りました。

話を聞いている間も指を動かしつづけていると、穴の内部に液がどんどんわき出てきます。

「んっ、んんっ……ああっ」

みるみるうちに指の根元にまで溢れ出してきました。濡れっぷりが激しくなると、裕子さんまで腰を浮かせて喘ぎはじめました。

「早く、オチ○チン入れてみて。お願いだから」

「う、うん。わかった」

裕子さんの急《せ》かす声につられ、私はあわてて逸物を股間に近づけました。

入れる場所は指で確かめたばかりです。いよいよ裕子さんと一つになれると思うと、
武者震いがしました。

親切にも裕子さんは逸物に手を添えて導いてくれました。私があせって挿入に失敗
しないよう、気をつかってくれたのでしょう。

「そのまま腰を押し当ててみて」

私は言われるままに、裕子さんの体に向かって腰に力を込めました。

割れ目に吞み込まれた逸物は、ぬかるみの奥へすべり込むように入っていきました。

一瞬、目の前が真っ白になったように感じました。穴に吸い込まれた瞬間、とてつ
もない快感が全身に広がったのです。

「ちゃんとできたじゃない。よかったわね」

裕子さんの祝福の言葉よりも、私はつながった充実感で頭がいっぱいでした。

「ああ……すごく気持ちいい。こんなの初めてだよ」

「よかった。次郎ちゃんと一つになれて、私もうれしい」

しばらく私たちは腰を密着させたまま抱き合っていました。

裕子さんの体の温もりとやわらかさ、そして汗の匂いまで、残らずに体に刻んでおくつもりでした。

深く入っていた逸物は、窮屈な穴に締め上げられています。入り口から奥にかけて、まったく緩い場所がありません。

このまま抱き合っているだけでも幸せでしたが、私は体が求めるままに腰を動かしはじめました。

「んっ、ああっ、はぁんっ」

一回の抜き差しごとに、裕子さんは悩ましい喘ぎ声を聞かせてくれました。

いつも見ていた美しい顔が淫らにゆがんでいます。逸物を入れただけでこんなに豹変してしまうのかと、驚きを感じました。

快感を味わっているのは私も同じです。腰を動かすごとに気持ちよさが増して止まらなくなりました。

「ああ、好きだよ。裕子お姉ちゃん。ずっといっしょにいたいよ」

興奮のあまり、私は初めて本心を打ち明けました。

すると裕子さんは優しく微笑みながら、「私もよ」と答えてくれたのです。

それが本心だったのかどうかわかりません。しかしそのときの私は有頂天になり、ますます激しく腰を使いました。

「あっ、あっ、もっと優しく……ああんっ」

裕子さんの言葉も無視し、ひたすら逸物でえぐりつづけます。

もし近くに人が来ていれば、すぐに私たちの声に気がついたはずです。夢中になっている私たちは、自分たちのこと以外はまったく頭にありませんでした。

とうとう私は限界を迎えました。

もっと長い時間つながっていたいと願ったものの、これ以上は我慢できそうにありません。私はさらに動きを速めました。

「ああっ、出る。出るよっ」

そう告げた私は、深くぬかるみに押し込んだまま、二度目の射精を始めました。

思い残すことがないよう、精液をすべて注ぎ込みます。出し尽くすまでけっして腰を引かず、裕子さんの体を強く抱きしめていました。

夢のような時間も、とうとう終わりが来てしまいました。日が暮れはじめたころに私たちは服を着て神社から離れました。

「次郎ちゃん。お別れはさびしいけど、今日のことは一生忘れないから。次郎ちゃんも私のことは忘れないでね」

最後に裕子さんは涙ぐみながら、私に言葉をかけてくれました。

翌朝も私が村を出発する際には、泣きながら見送りにきてくれました。私も涙が止まらず、東京行きの列車に乗っても裕子さんの写真を眺めて泣いていました。

あれから六十年以上が過ぎました。私はすっかり年を取り、東京に居を構え落ち着いた暮らしをしています。

裕子さんも嫁いだ先で孫にも恵まれ、幸せに暮らしているようです。

私はいまでもあの日のことを忘れたことはありません。神社裏の風景、裕子さんの体や匂い、すべてを鮮明に思い出しながら昔をなつかしんでいるのです。

実兄に施された忌まわしき相姦肉体開発 眠っていた淫獣が目覚めた妹の罪な肉体

井田摩耶子　主婦・四十一歳

都内在住の主婦です。

二人の子どもは小学生で、ママさんサークルやＰＴＡなども積極的に参加しており、上場企業に勤める主人とともに、毎日を楽しく暮らしております。

ママさんたちとの会話が、それぞれの出身地に及ぶことがあります。それで微妙な言葉の訛《なま》りなどを、悪意なくツッコミ合ったりするのです。

出身地について私に話を振られたとき、こう答えました。

「地図から消された村です」

周囲のママさん友だちに失笑が洩れました。

ああ、あまり言いたくないのね、とスマートなママさんたちは察してくれ、それ以上聞かれることはありませんでした。

しかし、それは事実なのです。

詳細は避けますが、私は北陸の寒村で十九歳まで育ちました。

一方を海、三方を複雑な山で囲まれた田舎も田舎で、私が村を出るときは、たしか七所帯があっただけでした。

そこに人が入植したのが明治の初期だと聞いたことがありましたが、その当時からいわゆる『嫁不足』に悩まされていたようです。

年齢的な限界集落の問題の前に、村民の絶対数の不足が心配されました。どうしても血が濃くなってしまうからです。

私が村にいたころ、大地主様が絶対的な権力を持っていました。

もう平成に入っていたというのに、もはや昭和も越えて明治のような価値観が残っていたのです。

「とにかく村人を増やさなきゃならん。そのためには手段など選んでおられん」

「だが地主様、外から人が来んことには、どうしようもなかじゃ」

「来んでもええ。要するに男と女子がおればええんじゃ」

村民会議から戻ってきた父と兄が、こんな会話を耳にした、と私に伝えてきました。

村民会館はたしか昭和三十三年築で、当時の最新式の設備なんだと、大地主様がいまだに自慢している、と父から聞いたことがあります。

もう二十年以上前のうえ、ほとんどが父と兄からの伝聞なので、不確かなところもあります。

「男と女子がおればええ、って当り前やんか」

戻った父と兄の話を聞いた私は、あきれていました。

「そうやないんや、摩耶子《まやこ》」

父は見たこともない目つきで私を見ていました。

「母親と息子、父親と娘、兄と妹でも、男女に違いない、ってことだ」

兄が言葉を継ぎましたが、その兄も同じ目つきをしていました。

「ちょっと……なんぼなんでも、言うてええことと悪いことあるわ」

「それがな、大地主様は本気やねん」

いまでもはっきり覚えていますが、その間の沈黙は人生でもっとも気味の悪い数秒間でした。

「お前がこの村でいちばん若い。自覚持たなあかん」

説教口調で父はそんなことを言いました。自分の耳が信じられませんでした。

「齢が近いお前が手ほどきしたれ。わしは十分こなれてからや」

父が兄に向かって言いました。

「開発しとくわ。村の男どもの希望やからな」

村の男性たち全員の慰《なぐさ》みものになる。誰の子かわからない子どもを次々に産まなければならない。一瞬でそこまで悟った私は、絶望に気が遠くなりました。

「母さん、布団は敷いてあるか」

兄が母に横柄《おうへい》に聞きました。

母に救いの目を向けましたが、母は私を一瞥《いちべつ》してから、兄に無言でうなずきました。

私の父と母も、従兄妹同士だと聞いていました。

もともと近親相姦にさほど抵抗のない村だったのです。

「さあ、摩耶子、布団行こ。正直、お前のこと、ずっと気になっとってん」

無理やり立たされ、私の腰に兄の手が回されました。

ぞくりと怖気《おじけ》が立ち、背中じゅうに鳥肌が立ちました。

強い拒絶感がわきましたが、抵抗は無意味だと悟っていました。男女の基礎体力の差もありますし、そもそも男尊女卑の古い価値観が濃厚に残っていたからです。

「村民会議に出たやつのなかには、反対しとったやつもおった。けど俺は大地主様に賛成や。なにせ村のためやからな」

横に並んで私の肩をなでながら、兄はそんなふうに嘯《うそぶ》きました。

「それに、善は急げっていうしな」

私の二の腕をいやらしくなでながら、なにがおかしいのか兄はグッグッと笑いました。もともと尊敬のできる人ではありませんでしたが、そんな兄に嫌悪感しかわきませんでした。

兄の部屋に入れられると、私の布団と兄の布団が、キチンと並べて敷いてありました。父と兄の話を聞いた母が、そそくさと用意したのでしょう。母にも強い怒りを覚えたものです。

部屋に入ると、兄はいきなり私に抱きつき、唇を重ねてきました。

「摩耶子、力抜け」

兄を拒《こば》むように、私は唇を強く丸めていました。仕方なく力を抜くと、兄の舌が無遠慮に私の口に入ってきました。

「お前とチューすんの、ちっちゃいとき以来やなあ」

覚えがありませんでしたが、兄は幼少の私にそんないたずらをしていたのだとわかりました。

兄は唇を離すと、私の両肩を取り、品定めするように上から下まで好色な目で眺めました。

そしてブラウス越しに、私の胸をなで上げました。

「んんっ……」

不意に走った強い感触に、私は肩をすくめて全身に力が入りました。

「ここもええ女っぷりに育ったな。兄ちゃん、うれしいぞ」

兄はブラウスの上から、両手で私の胸をもみくちゃにしました。

屈辱感と羞恥心、怒りと嫌悪感でいっぱいなのに、口からおかしな声が出てきそうになりました。

性に対する情報がまだまだタブー視されていたド田舎のこと、私は浴室などで、自分の胸や性器をいじると気持ちいいということを経験的に知っていたのです。初めて自分のデリケートなところに指でふれたのは中学生のころだったでしょうか。

こんな兄にさわられて、気持ちよくなりたくない。当然の感情でしょう。

「お前、顔赤ぅなってるぞ」

恥ずかしさと怒りが頂点に達し、私はうつむきました。

「摩耶子、服脱げ」

兄は短く命令し、自分も服を脱いでいきました。

ブラウスのボタンをはずし、白いブラジャーが露出します。

兄はそそくさと自分の服を脱ぎながらも、私から視線を逸らしませんでした。

スカートをおろすと、はいていた白いパンティとブラジャー、短いソックスだけになります。兄の視線を頭から払い、自分は脱衣場にいるのだと思い込むようにしました。

覚悟を決め、ブラジャーとパンティも脱ぎました。

「美しく育った妹か。身内の特権やな」

耳を疑うようなことを言う兄の性器は、重そうに揺れていました。

赤黒く、太く、根元は汚らしい陰毛にまみれ、蛇のようなカマ首が九十度ほどの角度で上を向いていました。

異性の肉親の性器など、ふつうは凝視するものではないでしょう。目を逸らすのが自然だと思います。しかし私は、実兄のペニスに目が釘づけになっていました。

「なんや、やっぱり興味あるか？　お前も好きモンやなあ」

兄に言われ、さっと目を逸らしました。殺意を覚えるぐらい腹が立ったものです。

「摩耶子、寝ぇ」

兄は布団を指し、横柄に言いました。

せめてもの抵抗と、私は自分の布団に入りました。

とたんに裸の兄がおおいかぶさってきました。

「ああん、兄ちゃん、あかん……」

思わず声が洩れてしまい、ごまかすために兄を消極的に非難しました。

お風呂やお便所でこっそり自慰にふけっていたのとは、まったく感触が違いました。

肌の大きな面を異性と重ね合わせ、私は全身に鳥肌を立たせていました。

「どや、気持ちええやろ?」

兄の口調はむしろ優しく、よけいに嫌悪を覚えたものです。

「ああっ! ちょっ……あああんっ!」

兄が乳房にむしゃぶりつき、大声を出してしまいました。

「初モンはええわぁ……すごい柔らかいぞ。うまい」

猟奇的な言葉で、実の妹の私の乳房を舐めまくっていました。ワザとなのでしょうが、二つの乳房はすぐに唾液でベトベトになりました。

腰から背筋に駆けて、悪寒《おかん》にも似た強い感触が何度も昇ってきました。そのたびに私は全身に鳥肌を立たせました。

「見てみぃ。お前のボイン、俺の唾液でツルツルに光っとるぞ」

いまではそれこそ失笑ものですが、私の村では平成の始まりごろまで、ボインという言葉が現役だったのです。

兄はズルズルと体を下げていきました。

気持ちの悪い長い舌で、私のおへそまでぐるりと一周していました。

「摩耶子、脚広げぇ」

兄は私のふとももをつかみ、乱暴に広げました。

「え、ちょっと、恥ずかしい……」

自慰や体育の授業を含め、人生で初めての角度で脚を広げさせられました。

「おほっ、毛ぇ薄いけど、大人のオマ◯コになってるのぉ」

聞き慣れた実の兄の声で禁断の卑語を聞くと、ぞくぞくと体が泡立つのを覚えました。

「ねえ、見ないで……」

兄の湿った息が、私の恥毛をそよがせるのがわかりました。

閉鎖的な田舎でも、十九歳にもなればセックスについて、いくばくかの知識は持っています。しかし間近で異性に性器を見られ、感想を述べられるのは、まったくの想定外でした。恥ずかしながら、セックスとは、裸の男女が「あっ、あーん」する、ぐらいの想像力しか持ち合わせていなかったのです。

「お願い、そんなとこ、見ない――あああっ！」

性器を襲った突然の大きな刺激に、私の懇願は途切れ、悲鳴に変わりました。

「よう濡れとるやんけ。お前も好きやのぉ」

兄は私の性器を舐めていたのです。ピチャピチャと、耳をおおいたくなるような卑猥な音が、まさに自分の股間から聞こえてきました。

「ああ、兄ちゃん、そんなんしたら、あかん……」

実の兄から受けるクンニリングス。こんな言葉はずっとあとになって覚えました。その屈辱よりも、その行為で自分の性器がうるおっていることを兄に悟られたことの羞恥のほうが大きく、私の心は大きく惑っていました。

「しょっぱいわ」

兄が性器を舐めながらモゴモゴと言い、私は恥ずかしさのあまり、両手で顔をおおっていました。

「摩耶子、四つん這いになれ」

言い終える前に、兄は私の腰に両手をかけ、私はコマのようにクルリと半回転させられました。一瞬の出来事で、男の人の力の強さに驚いたものでした。

「さあ、ケツ立てるんや」

また両手で腰をつかまれると、クイッ、とお尻だけを高く上げさせられました。

「お前、ケツの穴もきれいやのぉ。おちょぼ口みたいやんけ」

兄は含み笑いを洩らしてそんなことを言いました。

「ああん、どこ見てんねん……」

非難の声は我ながら弱々しく震えていました。

「さあ、勇気の接吻《せっぷん》じゃ」

「え？　きゃあああっ！」

意味を問いただす間もなく、私は家の中で高い悲鳴をあげていました。父や母にも聞かれていたことでしょう。

「ちょっ、どこ舐めてんの？」

「動くな。静かにせぇ。お前のケツの穴、ヘンな匂いも味もせえへんぞ。むしろ石鹸のええ匂いじゃ。けっこうけっこう！」

前夜にお風呂に入ってから、私はそちらの用足しをしていませんでした。

「ほら、動くなというのに。お前、華奢《きゃしゃ》な体やのに、こうやるとケツが大きく見えるわ」

真夏の犬のように、兄は私の肛門を忙しく舐め上げました。

「ああっ、あああ、あかんてぇ……」

お尻の神経が鋭敏だということを、私は兄の舌で思い知りました。

腰と胸を下に落とし、私は自分から強くお尻を突き出していました。

ごつごつした兄の大きな手がお尻をなで回すたびに、お尻にも鳥肌が立つのを覚えました。

自慰行為でも、お尻にふれたことはありませんでした。

「どや、お兄ちゃんとやったら、勉強になるやろ？」

私の思いを見透かしたような兄の言葉に、つい「うん」と答えそうになりました。

不意に兄がお尻から顔を離し、ベトベトの私の肛門周辺が空気にふれ、冷たく感じました。

兄はまた乱暴に私をあおむけにしました。

そして膝立ちで私の顔に寄り、股間を突き出してきました。

「摩耶子、舐めぇ」

兄は横柄に命令してきました。

私の顔の上に、血管を浮かせた勃起ペニスが迫っていました。

グロテスクで赤黒いさまは、村に自生している毒キノコを連想させました。

不快感は強く、心を殺して義務感だけで命令に従うつもりでしたが、信じられないことに、私は兄の性器に吸いつくような視線を向けていました。

そうして両手を伸ばし、兄のペニスをつかみ、顔をもたげて口に運んでいたのです。

「はは、そうじゃ。俺のチ○ポは逃げはせん。ゆっくり食え」

兄のペニスは硬く、大きく、そして濡れていました。

いまでも認めたくないのですが、性的好奇心と強い女の欲求が、実の兄のものとはいえ、激しく男性器を求めていたのです。

「うおっ……摩耶子、なかなかうまいやんけ……んああっ」

奉仕精神などは欠片《かけら》もありませんでしたが、いつも偉そうにしている兄にこんな声を出させているのが、どこか痛快でもありました。

唇で強くペニスを挟み、前後させました。意識して唾液を口に満たし、舌で棒の表面を強くこそげました。

「お前、うますぎる……ほんまに初めてなんか？　ううんんんっ！」

兄のそんな言葉がうれしく、そして喜んでいる自分に嫌悪しました。

「待て、待てっ……口の中に出てまうわ」

兄は私の髪をつかみ、強引にペニスから口を離させました。

「そんなうまいか、兄ちゃんのチ○ポ？」

薄笑いを浮かべる兄に、ちょっとだけ冷静になりました。

しかしほてった体は、さらに大きな快感を求めていました。

再びあおむけになった私に、兄はまっすぐおおいかぶさってきました。

「お前が生まれた日、覚えとるぞ。いまから、男女として結ばれるんや」

忌《い》まわしいしい言葉を、感無量の声音で兄はつぶやきました。

どうせ逆らえないので心を消して嵐が過ぎ去るのを待とう、最初はそんな気持ちだったのに、そのときにはどこかで大きな期待をしていました。

肌を重ね合わせ、乳房や性器を舐められ、お尻の穴を舐められただけで、自慰とは異なる異次元の気持ちよさだったことを考えると、ほんとうのセックス、というのがどんな快感をもたらすのか、近親相姦を是《ぜ》とする兄と変わらずに期待していたのです。

「お兄ちゃんのチ○ポ、入れるぞ……」

兄は私を見つめたまま、片手でごそごそペニスをいじりました。

「あんっ……！」

性器に兄のペニスの先がふれると、私は顎を出してうめきました。

最初は痛い、と聞いたことがあったので、少しだけ怖くもありました。

「ああ、来てる……来てる」

ペニスが性器を割って入ってくるのが手に取るようにわかりました。

「……お前の中、すごい締まりええ……兄妹やから、相性、ぴったりなんやな」

絞り出すような声で、兄が恐ろしい納得の仕方をしていました。

ペニスにふれ、口に含んでいたので、どんなサイズのものが入っているのかはわかります。体を引き裂かれる恐怖はあるのに、このためにこそ性器はあるのだと、どこかで気持ちが理解していました。それが実の兄のものであろうともです。

自慰で指を奥まで入れたことがありましたが、それを越えたとき、ちょっと本気で怖くなりました。

「あっ、いたっ……！」

刺すような痛みが性器の奥で走り、私は顔をしかめて短く声をあげました。

「……処女やなくなったんや。おめでとうゆうとくわ。お前は俺のチ○ポで、女になったんや」

実の兄に望まぬセックスを強要され、女性のいちばん大切なものを奪われる。

実の兄によって性の悦びを教えられ、底の知れない深淵に導かれる。

怒りと悲しみしかないはずなのに、小指の先ほど兄に感謝している自分に気づき、私は激しくとまどっていました。

毒蛇かゆるい矢印に似たペニスが、私の性器の最奥を突きました。鈍痛に似た切ない感触に、私はまた顎を出して強く目を閉じました。

「摩耶子、俺ら、一つになってるぞ。見てみぃ」

体はほとんどいうことを聞かなくなっていましたが、私は懸命に頭をもたげ、結合部を見ました。

「あああ……兄ちゃんの太いのが、全部入ってる」

おぞましい光景でした。愛し合う男女の到達点が、実の兄妹で達しているのです。

「イクぞ。お前の中で、出すからな」

兄はゆっくりとペニスを引いていきました。

ああ、抜いてしまうの、そんな不安が頭をよぎってしまいました。

ペニスはカマ首だけを残して止まり、また私の中に入ってきました。

「ああ、兄ちゃんが、また……」

そのときの私の顔には、しまらない笑みが浮かんでいたかもしれません。

兄は慎重にペニスの出し入れを始めました。

「あぁっ……あああっ、いやっ、なにこれっ……あああっ！」

全身が電気に当てられたような刺激に包まれました。

「ああんっ！　きもっ……ああっ」

「どや？　気持ちええやろ」

上から目線で言う兄も、腹から絞り出すような声を出していました。

「ああっ！　あかんっ、私っ、おかしなるっ！　ああっ、あかんてぇ！」

私は首を激しく左右に振り、激越《げきえつ》な刺激に耐えていました。正直に告白しますが、兄を拒んではいませんでした。私の制止に兄がこたえれば、逆に私は兄を責めていたかもしれません。

動物の交尾のような動き——ピストン運動という言葉もあとで知りました——に、性器周辺がしびれ、もう入れられているのが性器なのかお尻の穴なのかもわからなくなりました。

「ゆっ……指先まで、ビリビリきてるぅ！」

はっきりそう叫んだのを覚えています。これも両親に筒抜けだったでしょう。

ペニスの前後運動は、ほとんど振動に近い速さにまでなりました。

私は自由に動かない指先で、布団のシーツをわしづかみにしていました。

「まっ、摩耶子っ！　出るっ、出すぞっ！　おあああっ！」

獣の咆哮《ほうこう》のような声をあげ、兄が射精しました。

「いやあああっ！」

錯覚かもしれませんが、兄の熱い精液が私の中に注がれるとき、ドクンドクンと体の内側から音がしたような気がしました。

「まずは兄妹で結ばれたな。ええ顔してるぞ、摩耶子」

ペニスを抜くと、兄は満足そうな息をつきました。

そうして私へのフォローなどお構いなしに、一分と経たずにいびきをかきました。

私はおそるおそる、股間に手をやりました。

「あんっ……」

自分で軽くふれただけなのに、鋭敏になっていた性器の反応に声が出てしまいました。手には兄の精液がたっぷりとつきました。

次が実の父親、そして村の男性たちと、望まぬセックスを強要される……私は、予想される何人かの男性の村人を想像しました。

あの人のペニスはどんなだろう、あのおじいちゃんは舐めてあげると喜ぶかも、そんなことをつらつらと長時間、暗闇の中で目を開けたまま考えていました。


その夜がとっぷりと更けてから、私は荷物をまとめました。

過疎地帯の農家は重労働なので眠りは深く、両親も兄も起こさずに、あるだけの家中のお金を持って家を出ました。お風呂に入りたかったですが、危険なのでやめておきました。おかげで道中、パンティに兄の精液がしみ出し、ずっと気持ち悪かったのを覚えています。

その後、私は二度と実家の村には帰りませんでした。

人に言えない苦労をしながら、また奇跡的な幸運にも恵まれながら、都内で夫と二人の子どもに恵まれ、幸せな家庭を築いています。

この手記を公表しようと思ったのは、新聞と雑誌からある記事を見たからです。廃村となっていたある村落跡から、十数体の白骨死体が発見されたという記事です。私の実家と思しき家の説明もあり、三体の白骨が発見されたとありました。

両親と兄にまちがいありません。

第二章 獣と化した男に弄ばれる女たち

性欲旺盛な男たちの欲望を受け入れる村はずれに暮らすワケあり女集団

長澤克己　兼業農家・四十歳

私が住む村のはずれに、女ばかりが十数人で暮らす家があります。未亡人や未婚のまま老いた者、血が絶えてどこの家にも属さなくなった者などが肩を寄せ合うように暮らしているのです。

その昔、飢饉《ききん》の際に口減らしとして老女や病気の女を捨てたのが始まりと言われています。やがて、それをかわいそうに思った村人が家を与えたらしいのですが、そこに人さらいがやってきたり、強姦が入ったりして、村人たちが管理するようになったそうです。

現在もその名残で、村人が金を出し合って彼女たちの暮らしを支えています。いまとなっては口減らしどころか、過疎化するこの地で、女たちは貴重な戦力となっているからです。

人数や年齢などは、時とともに変化しますが、だいたい三十歳から上は八十代までの人がいます。稀に、婚外子の若い娘がいることもありますが、たいていは年ごろになるとすぐ、遠い村に嫁いでいってしまいます。

他村の男と駆け落ちをして姿を消すような女もいましたが、そんなときは大騒ぎになり、村中の男で探します。

彼女たちには、農繁期の手伝いや冠婚葬祭時の準備、寝たきり老人の介護や赤ん坊の世話などたくさんの仕事があるのです。

その中で、もっとも重要な役割は、性欲旺盛《おうせい》な男たちの下《しも》の世話です。

これはおおっぴらにされていませんが、村の治安を維持するためにも、その存在は必要不可欠です。けれど、そこが無法地帯になっては元も子もありませんから、むやみに立ち入ることは禁じられています。

日に一度、係の男が女の家を見回りにいくのですが、そのときに、男の側の要望を伝えて仲介するのです。

男たちはほとんどが既婚者なので、日時などを決めないといけませんし、好みの相手がいる場合には、指名した女に念のため了解を得て約束を取りつけるのです。

私がそのことを知ったのは、中学を卒業して間もないころでした。

基本的には成人向けの制度なのですが、成人前でも中学を卒業した者は、家長の許しをもらったうえで、盆と正月だけそこに行くことが許されるのです。ガス抜きして勉強に身を入れよという配慮でした。若い男は村を支える宝ですから、とにかく大事にされているのです。

男ばかりの酒の席でそれを聞かされたとき、胸が高鳴りました。

何も刺激のない村です。誰かが町から仕入れてきた希少なエロ本やエロビデオが、手元に回ってくるのを待つしかありませんでした。

親戚の叔父が酒臭い息をかけながら、ニヤニヤして言いました。

「女はいいぞぉ。お前の好みは？　デカパイか？　あの家には名器もおるぞ。ぐへへ」

からかわれて顔が真っ赤になりました。

彼女たちの姿は、畑仕事を手伝いにきてくれたときなど、何度か見かけていました。童貞の私は、顔などろくに見ないままオナニーの対象にしていました。

作業中に突き出している大きな尻や、屈んだ拍子に揺れる乳房を盗み見していたのです。

すぐにでもお願いしたいのが本音でしたが、当時うぶだった私は、恥ずかしさから興味のない素振りをしてしまいました。女と向き合う勇気もなかったのです。

けれど日を追うごとに、女体へのあこがれ、妄想が強くなっていきました。

とうとう我慢できなくなったのは、十七歳の夏休みでした。

一つ年上の従兄が、正月に女の家に行ったと白状したのです。内容を詳しく聞いているうちに我慢できなくなりました。

その従兄がいっしょに行ってくれると言ったので、心細さも解消しました。

従兄は、自分の相手をしてくれたシホさんという人をやたらと勧めてきました。

「尺八がものすごくうまいんだぜ。乳は小さめだけどな」

彼は、そのとき見かけた別の女を次の相手に決めていたようでした。

「シホさんも悪くないけど、彼女はおとなしめの美人で、すごい巨乳なんだ」

話しているうちに、二人とも居ても立ってもいられなくなり、さっそく父に許しを請うて仲介役のところへ行きました。

約束の日、強烈な太陽の照る昼下がりに、私と従兄は原付バイクに跨って女の家を目指しました。

地元民でも迷いそうな森の奥を行き、獣道を突き抜けたところにポツンと家がありました。

古ぼけた平屋建ての外壁は、ところどころ色が違い、増築や改修を重ねた年月の跡が見て取れました。

庭先で雑草を刈っていた老婆に、声をかけました。

仲介者から教わったとおりに名前を告げると、六十代くらいのおばさんが出てきて奥に通されました。

きしむ廊下をついていくと、ミシンを踏む音が聞こえてきました。

七人ほどの女たちが、並んだミシンに向かって黙々と作業していました。村の用事がないときは、内職をしてこまごまと稼いでいるのです。

女たちのすぐ脇を横切りましたが、来客の目的を知っているため、こちらを見る者はいませんでした。

作業部屋を抜けた次の間には、寝ている老婆とその世話をする女がいました。彼女はすぐに顔を伏せましたが、遠目にもかわいらしい若い娘だとわかりました。

「あの子はまだ処女かな」「父親は誰だろう?」などと従兄とささやき合いました。

その奥の部屋を通り抜けた先に、小さな離れが見えてきました。

渡り廊下と呼ぶにはあまりにもお粗末な板が雑草の上に敷かれていて、そこを渡りきったところで案内のおばさんは去っていきました。

人目をはばかるように建っている家の奥に、さらにまた離れがあったことに驚きましたが、秘密の基地を見つけたような高揚感に包まれました。

建つけの悪い引き戸をこじ開けて、薄暗い部屋の中に入りました。

冷房が効いているせいか日の当たらない立地のせいか、中はヒンヤリしていました。

四畳半の部屋が二つ繋がった簡素な作りで、それぞれの部屋に薄っぺらい布団が一組ずつ敷かれていました。

これでは襖《ふすま》を閉じたところで互いの声が聞こえてしまうな、などと考えていると、間もなく二人の女が入ってきました。

古ぼけた部屋が一気に華やぎ、石鹸のいい匂いがただよってきました。身を清めて、私たちを待っていてくれたのです。

正座をしてていねいに頭を下げたので、こちらもあわてて居住まいを正しました。すると、一人の女がニコッと笑ってその緊張を解《ほぐ》してくれました。

「シホです。暑い中、ごくろうさまです」

そう言って冷たい麦茶とおしぼりを差し出してくれました。名前を聞いて、従兄が筆おろしをしてもらった相手なのだとわかり、ゾクッとしました。

半袖のブラウスからのぞく胸元や、むっちりした二の腕は、農家ではあまり見かけないほど白く透き通っていました。

野良仕事のとき、全身を布でおおって肌を守る女は多いですが、彼女は指先まできれいだったので、この仕事が専門なのかもしれないなと思いました。

従兄の情報によると、幼いころに両親を亡くしてこの家に引き取られたそうですが、どういうわけかお嫁に行かず、ここに棲みついてしまったらしいのです。人によってはこの家の暮らしのほうが、肌に合うのかもしれません。

三十代半ばと聞いていましたが、丸っこい体はみずみずしく張り詰めていて、溢れんばかりの色気がにじみ出ていました。

彼女の背後で、恥ずかしそうに顔を上げたのが、従兄が気に入ったと言うマユミさんでした。

十代でお嫁に行ったものの、子宝に恵まれぬまま三十五になって、村に送り返されたそうです。この家での暮らしに、まだ不慣れな様子でしたが、シホさんがじょうずにリードしていました。

少し前まで人妻であったそのたたずまいには、シホさんとはまた違う、つつましやかな色気を感じました。

白いシャツの胸元は、ボタンが弾けそうなほど盛り上がっていて、否が応でも目を奪われました。

二人とも村では珍しいスカート姿だったので、剝き出しの素足が新鮮に映りました。わいた唾を飲み込む音が聞こえてしまわないかとドキドキしていました。口下手な田舎の男女で、会話が弾むことはありません。蟬時雨《せみしぐれ》がなかったら、気まずさに冷や汗をかいていたと思います。

私が、よろしくと言うふうに頭を下げると、シホさんの合図でマユミさんが立ち上がり、奥の部屋に向かいました。

従兄が舌舐めずりをしながらそのあとに続き、襖がピタッと閉じられました。

シホさんも立ち上がってカーテンを閉めると、二人きりの部屋が、いちだんと妖しげな雰囲気に変わりました。

薄手のカーテンに遮光性はなく、万が一の人目を避けるためだけのものでした。そんな布切れ一枚にも、日常から隔離されたような昂《たかぶ》りを覚えました。

私のそばに腰かけた彼女が、体を寄せてきました。

くにゃっと力の抜けた柔らかな贅肉の感触が、熱い体温とともに伝わってきました。受け止めるように、丸い体に腕を回して抱き寄せると、「ンフ……」と小さなうめき声をあげました。

初めて知った母親以外の女の感触でした。

どうしてよいのかわからぬまま、気持ちだけが先走り、せんべい布団の上に彼女を押し倒していました。

ビデオで見たのをまねて唇を合わせてみると、彼女のほうから強く吸いついてきました。初めてのキスでしたが、うまく吸い合えたのは彼女の誘導のおかげです。

唾液の音を立てながら夢中で舌を絡ませていると、股間がムクムク力みはじめました。

力まかせにおおいかぶさって、体じゅうをまさぐりました。どこをさわっても丸く、なだらかな曲線でした。

なでていると、シホさんが喉をそらしてよがりはじめました。

「はぁ……っ！　アァン、ン、ン」

あおむけに寝た女の顔は、こんなにも人相を変えてゆるむものなのかと驚きました。頬を赤く染め、ダラっと唇を開いたままで伏せたまつ毛をふるわせていました。

その表情を見ているうちに、どんどん自信がわいてきて、硬くなった股間を彼女に押しつけていました。

ときどき、布団に押しつけてオナニーすることもありましたが、まるで違う感触に興奮しました。じんわりと熱のこもった太腿に食い込ませていると、包み込まれていくような気持ちよさを覚えました。

一刻も早くその奥の、もっと深い穴に押し込みたくて仕方ありませんでした。けれど、その先の進め方は知りません。服を着たまま腰を振り、突き出された胸元に頬ずりしていました。

従兄は胸が小さいと言っていましたが、初体験の私には十分すぎるふくらみでした。恐るおそる手を伸ばしてもんでみると、シホさんが鼻にかかった声を洩らしました。

「ンンッ！　ぬふぅ……ン、感じる、気持ちいい」

自分の拙《つたな》い愛撫に身悶《みもだ》えてくれたのがうれしくて、夢中でもみつづけていました。柔らかさを堪能しながら、潰してしまわぬように自制して指先を動かしていたとき、隣の部屋からマユミさんの乱れた声が響いてきました。

「ハヒッ、ムッフ〜ン！　いや、ん。だめ、ア、ア、ア……いい、いいン〜！」

あのおしとやかな顔でこんな声を出すなんて、いったいどんなふうにされているんだ？　と想像力をかき立てられました。

その声にけしかけられて、シホさんの胸をさらに強くもんでいました。勃起はどんどん激しくなり、ズボンがきつく感じました。

「ウフフ、若い人なんて珍しいから、本気で燃えちゃうんですよ」

シホさんは、隣の部屋に目配せしながらそう言って、自分でブラウスのボタンをはずしはじめました。私の未熟さを知っていただろう彼女は、ブラジャーもはずして肌を露《あらわ》にしてくれたのです。

ぷるんっ、と現れた二つの白い山にしばらく見とれていました。

当時の自分に比較するものはありませんでしたが、いま思い出してみても、三十過ぎとは思えない、張りつめたきれいなおっぱいでした。

彼女の手が、Tシャツの中にそっと伸びてきました。促されるまで、自分が服を脱ぐことを忘れていたのです。

裸になり、汗ばんだ肌をこすりつけていると、シホさんが徐々に脚を広げはじめたので、その中心部に指を這わせていきました。

スカートの奥の下着は、生温い糊をぶちまけたように、ネッチョリ濡れていました。

その上から、こんもりした肉づきのよい陰部を確認していると、シホさんが催促するように腰を振りはじめました。

えいっ、と下着の中に手を突っ込んでまさぐりました。

ごわついた陰毛をかき分けると、唇と同じように薄く柔らかな肉の亀裂がありました。挿入場所を確かめようと探りましたが、穴らしきものはないように思えました。

隣の部屋の声が次第に大きくなってきて、肌のぶつかる湿った音まで聞こえてきました。

上手くやっている従兄に嫉妬《しっと》を覚えながらあせっていると、シホさんが喘ぎながら起き上がり、私の体を優しく押し倒してきました。

「いやん、じらさないでください。ハァ、ハァ……アァ、大きいのをさわらせて」

乱れた髪をかき上げた彼女は、私の股間に顔を埋めてきました。

反り返るほど硬く勃起していたものは、あっという間に彼女の口の中に収まっていました。

陰茎から睾丸まで唾液でヌルヌルにされ、巻きついてきた指と唇でこすられました。気持ちがよくて声が出そうになりましたが、ぐっとこらえました。

しゃぶりついてくるシホさんの顔を見おろしていると、快感が加速しました。

そのまま口の中に一気に放出したい欲求と、少しでも長く味わっていたい欲求とが戦っていました。そのとき、すぐ横の襖がガラッと開きました。

目の前に、四つん這いになったマユミさんの顔が現れました。

長い髪を頬に張りつけ、眉間にしわを寄せながら、絞り出すような喘ぎ声を出していました。

その顔のすぐ下には、たわわな白い房がぶら下がっていました。

彼女の背後から挿入している従兄は、丸い尻をなでながら腰を突き上げていました。

従兄が腰を動かすたびに、マユミさんのおっぱいがタプンタプンと揺れました。

「なんだ、まだ入れてねえのか？　もたもたしてると俺が二人とも食っちまうぞ！」

従兄がそう言って、フェラをしているシホさんを見つめていました。童貞の私が怯まぬように、彼なりに鼓舞《こぶ》してくれたのかもしれません。

「俺も入れたい」とつぶやいて腰を突き出すと、シホさんがハァハァと息を荒げながら跨ってきました。

「アッ、フゥ〜ン！　硬い……やっぱり若い人はすごいわ、ねぇ、マユミさん！」

興奮気味に言って、私のものをぐっと握り締めていました。その亀頭めがけて彼女が腰をおろした瞬間、ヌルンッ！　と温かい穴の奥に突き刺さっていきました。

初めて知る女の中で、勃起がさらに激しくなりました。興奮して身悶えていると、従兄のうめき声が聞こえました。

「まずい、出ちゃいそうだ！　ああ、見てたら、シホさんに尺八されたくなってきた」

そう言って、マユミさんの体からペニスを引き抜いた従兄は、彼女の耳もとで何かささやいてから立ち上がりました。

その光景を眺めている間も、シホさんが絶え間なく腰を振ってくるので、必死に射精をこらえていました。そのまま出していいものなのか、何もわからなかったのです。

立ち上がった従兄は、私のものを挿入しているシホさんの唇に、ペニスを押しつけはじめました。

「そのままだぞ、腰を振りながら、俺のをしゃぶるんだ！　そうだ、いいぞ」

シホさんはアン、アンと声を出しながら、言われるままに従兄のものを口の中に運んでいました。その顔は、とてもうれしそうに見えました。

彼女のアソコから、ヌルついた汁がどんどん溢れ出してきて、私のものはいっそう深いところへ吸い込まれていきました。

さすがに我慢も限界に近づいたとき、立ち上がったマユミさんが、恥ずかしそうに私の顔を跨ぎました。

「あっ、あんまり見ないでくださいね……失礼します」

彼女は従兄に命じられて、私の顔の上にしゃがんで見せたのです。

目の前に、ドロッと濡れた陰毛と赤い裂け目が現れ、さらに見上げた先には、汗を滴らせたおっぱいがありました。

動くたびに揺れるおっぱいは、下から見るとさらに迫力を増していました。

「俺の弟分に、女の味をみっちり教えてやってくれ」

従兄が言うと、マユミさんは陰部を私の唇に押しつけてきました。

この村では、年長者の男の命令は絶対なのです。たった一歳違いであっても、その場では、従兄が全体の支配者でした。

ツン！　と生臭い匂いが鼻につきましたが、少しもイヤな気はしませんでした。むしろ、控えめな美人の彼女からそんな匂いがするギャップに、興奮を覚えました。

伸ばした舌先に、コリッとした硬い粒が当たりました。そこを舐めた瞬間、彼女は恥じらいを捨てたかのように体を大きくのけぞらせました。

「アーッ！　ンア、ンアァ！　ハァ……ん！　だめ……気持ち、いいっ」

その反応を見て、ふくらみを増した股間が、シホさんの奥に突き刺さっていきました。私の興奮に呼応するかのように、穴の中がきゅきゅっとすぼまってきました。

「グフッ！　硬いのが、めりこんできたわ……もっと、こすって。ムッフン！」

「うぅ〜、もうだめだ。このまま口の中に、出してもいいか？」

シホさんの声と、従兄のうめくような声を聞きながら、私もいよいよそのときを迎えて訴えました。

「俺も、イキそうだ！　止めて、ああ、出ちゃう、まずい！」

絞り出した声が、喘いでいるシホさんに届いているかどうかは不明でした。いずれにしても、顔面と下半身を二人の女に抑え込まれて、どうすることもできません。

頭上で揺れるおっぱいに手を伸ばしてわしづかみにしました。ずっしりとした重みを感じながら、指先が食い込むほど強くもみました。

大きな房の先端には黒ずんだ乳首がツンととがっていました。硬くすぼまっているそれをつまむと、マユミさんはより激しく身悶えました。

マユミさんの喘ぎ声をかき消すほどの、シホさんの叫びが聞こえてきました。

「アッハ～ン……イクーっ！　アァ、中に出してください、いっぱい出してぇ！」

我慢に我慢を重ねた噴射は、自分の意志とは関係なく、シホさんの体にしぼり取られていきました。顔面には、マユミさんの愛液が降り注いできました。

翌日から、半年後の正月を待ちわびていたのは言うまでもありません。

それ以降、違う女とも散々やってみましたが、あまりに強烈だった初体験が忘れられず、いまでもときどきシホさんにお願いしています。五十を過ぎてなお現役の彼女のフェラはさらに磨きがかかっています。そろそろ私の息子も、あの家に行くことでしょう。

年に一度だけ村は性の解放区に……野外で熟女と交わる極上の筆おろし

清田勝　会社員・六十歳

私が二十歳過ぎまで住んでいた村は山奥にあり、世間と隔絶されているためか、その当時もまだ変な風習が残っていました。それは、年に一度の祭の夜は、道を歩いている女性をいきなり襲ってもいいというものです。

もちろんそういうのがいやな人には拒否権のようなものがあり、祭の夜に外出しなければいいんです。つまり祭の夜に外出している女性は、「私は誰が相手でもセックスオーケーよ」と言っているようなものなのです。

そんなふしだらな女性がそうそういるものではないと思うでしょうが、すごい田舎で娯楽が特にないためか、祭の夜にはけっこう大勢の女性が外を歩いているんです。娯楽がないのは男たちも同じです。みんな年に一度の祭を待ちわびていて、一晩に何人もの女とヤリまくるのです。それだけが楽しみで一年間、がんばって仕事をしているといった感じなのでした。

ただし最低限のルールが四つだけありました。
一、参加できるのは十八歳以上の男女
二、女性に怪我をさせてはいけない
三、セックスをするときは一対一でなければいけない
四、挿入するときにはコンドームをつけなければいけない
四つ目のルールは比較的新しいもので、もっと昔は生でしていて、もしも子どもが生まれたら「村の子」として集落全体で育てていたそうなのです。だから私が子どものころには、同じ集落に「村の子」と呼ばれる老人が何人も住んでいたものでした。

そして私が十八歳になった年のことです。祭に参加する資格を得た私は、毎日股間を硬くしながら祭の夜を待ちわびていました。

誰とセックスしてもいいと言われても、やはりどうせならエロい体の美人としたいものです。しかもこちらは童貞で、初めてのセックスということになるのですから、なるべく厳選したいと思うのは当然です。

そんな私には当時、思いを寄せていた女性がいたんです。その人の名前は仮に「橋《はし》本雪子《もとゆきこ》さん」としておきます。雪子さんは三十代半ばの人妻でした。ただ、旦那さん

はずっと出稼ぎにいってたので、一人で暮らしていました。

家が近所で頻繁に見かけていた私は、色白でむっちりとした体つきの雪子さんにあこがれの感情を抱いていたんです。

既婚の女性は基本的に祭の夜は外出しないのですが、旦那さんと会えない日々で欲求不満だったのか、雪子さんはその前年の祭の夜も外出していたという話でした。だから私は、祭の夜には雪子さんを誘ってみようと思っていたんです。

そして、祭の当日。きっと今年も外出するはずだと思い、私は祭が始まる時間になっても会場である神社へは行かずに、物陰に隠れて、雪子さんの家の玄関を遠くからじっと見つめていました。

すると窓の明かりが消え、玄関を開けて雪子さんが出てきました。ノースリーブのブラウスに膝丈のスカートという姿です。それは胸の形がはっきりとわかり、お尻の大きさが強調されるような刺激的な服装で、すごく色っぽいんです。

いくらなんでも家の前で襲うなんてことはできません。祭の会場である神社に向かう途中の山道が最適だろうと私は計画を立てていました。だから雪子さんから少し離れて、あとをつけながらタイミングをうかがっていたんです。

神社へ向かう途中の人通りのない山道を、雪子さんは大きなお尻を左右に振りながら歩いていきます。そのお尻をじっと見つめながら、もうそろそろこの辺でいいだろうと思うのですが、今度は勇気が出ないんです。

当時まだ童貞だった私は、あこがれの雪子さんとセックスしたい思いが大きいのと同時に、うまくできるだろうか、雪子さんを満足させることができるだろうか、と不安になってしまうんです。

そんなふうにして、雪子さんに襲いかかることを躊躇していると、草むらに隠れていた男がいきなり飛び出してきて雪子さんに襲いかかりました。

狭い集落なので、私はその男のことも知っていました。年齢は三十歳ぐらいで、林業をやっている男です。名前は仮に熊田《くまだ》としておきます。そんな名前をつけたくなるぐらい体が大きくて、日焼けしていて、いかにも女性にモテそうな男なのです。

「あ、ダメ、いや」

そう言って雪子さんは抵抗するのですが、童貞の私から見ても、それは形だけの抵抗でしかないことははっきりとわかりました。

「いいじゃないか。祭の夜は無礼講だろ。あんた、橋本さんのとこの奥さんでしょ？俺、前からあんたのこと、いいなと思ってたんだ」

熊田はそんなことを言いながら雪子さんの胸をもんだり太腿をなで回したりするん

です。すると雪子さんは、もう形だけの抵抗までやめてしまうのでした。

「こんなところじゃ、誰かに見られちゃうわ」

「うん、大丈夫だよ。ちゃんと用意してあるんだ」

熊田は雪子さんをお姫様だっこして、茂みの中に入っていきました。

私は息を殺し、足音を立てないように気をつけて、そちらに近づきました。そして、木の陰からのぞくと、そこには用意周到にゴザが敷いてあり、その上で二人は抱き合っているのでした。

熊田は雪子さんのブラウスを脱がして、ブラジャーをはずしてしまいました。街灯の光がかすかに届き、雪子さんの乳房がぷるぷる揺れるのが見えました。

雪子さんの乳房は、想像以上に大きくて、形もきれいなんです。もっとよく見たかったけど、それはすぐに熊田の大きな手でおおい隠されてしまいました。

「すげえやわらかいな」

うれしそうに言いながら熊田が乳房をもみしだくと、雪子さんは切なげな喘ぎ声を洩らしはじめました。

「あぁぁぁん……気持ちいい……はあぁぁん……」

そんな二人を、私はただ見ているだけしかできませんでした。相手が大柄な男だからというわけではありません。誰とセックスをしてもいい夜なのですから、それは言い換えれば、他人のセックスを妨害してはいけない夜ということなのです。

だから自分が狙っていた女性がすでにほかの男とセックスをしていたら、ちゃんと順番待ちをしなければいけないというルールがあったんです。

あこがれの人妻の体がほかの男に抱かれているのを見るのはつらいものです。だけど、ここから離れてしまうと、ほかの男が順番待ちしてしまうかもしれません。なにしろ雪子さんは、私が知る限り、集落の中でいちばんの美熟女だったのですから。

私は息を殺して、雪子さんが熊田に抱かれる様子をのぞき見しつづけました。最初はいやいやだったのですが、当時はまだいまのように無修正動画がネットで見放題なんてことはなかったので、いつしか私はまるで出歯亀のようにのぞきに夢中になっていたんです。

熊田は雪子さんの胸をひとしきりもむと、すぐにスカートをめくり上げて、下着を脱がしました。

「ああん、いやあん……」

雪子さんは鼻にかかった甘ったるい声で言うんです。そして、その声がすぐに喘ぎ声に変わりました。それは熊田の手が雪子さんの股間にすべり込んだからです。

またしても熊田の大きな手が邪魔で雪子さんの陰部は見えません。そんな私のイライラとは逆に、熊田は上機嫌で言うんです。

「すごいな、もうトロトロだ。旦那が出稼ぎにいってて、この熟れた体をもてあましてたんだな」

「いやよ。そんなこと言わないで」

「俺が満足させてやるから、もっと股を大きく開けよ」

熊田は乱暴に割れ目をこすり上げます。

「ああん、ダメ……強い……強すぎるわ。ああぁ……」

雪子さんは眉間にしわを寄せて苦しげに言います。感じているのか、痛がっているのか、童貞の私には判断はつきませんでした。だけど熊田はよろこんでいると思っているようです。

熊田はズボンを脱ぎ捨てると、のけぞり返るペニスを揺らしながら、雪子さんの股の間に体を移動させました。

「え？　もう入れるの？」

雪子さんがとまどったように言いました。

「これだけ濡れてたらもう大丈夫だろう？　ちゃんとスキンをつけるから安心してく

れ」

熊田はペニスにコンドームを被せて、それの先端を雪子さんの股間に押しつけました。すると大きなペニスが、根元までぬるりと簡単に突き刺さってしまいました。

「あぁんっ……」

雪子さんはブリッジでもするかのように体を反らせました。大きな乳房がゆさりと揺れ、熊田はそれに食らいつきます。

左の乳首を吸いながら右手でもう一方の乳房をもみ、熊田は腰を前後に動かしはじめました。熊田の体が邪魔で見えないのですが、あの大きなペニスが雪子さんの陰部をかき回しているのです。

嫉妬の思いに駆られながらも、私の股間は痛いほどに勃起してしまうのでした。

「あぁ……いい……はあぁぁ……いい……」

雪子さんの吐息が、徐々にうっとりとしたものに変わっていきます。

感じてるんだ……あの美しくて色っぽい雪子さんが、熊田のペニスでオマ○コをこすられながら気持ちよくなってるんだ……私は絶望的な気分になっていきました。だけど、そんな時間は唐突に終わりを告げるのでした。

「うっ……」

短くうめいて腰の動きを止めると、熊田はあっさりとペニスを引き抜きました。

「え？　もう……？」

雪子さんが少し驚いたように言いましたが、そんな言葉は熊田には聞こえていないようでした。

「すごく気持ちよかったよ」

満足げにそう言うと、ペニスに被せていたコンドームをはずして森の中に放り投げ、熊田はズボンをはいて、一人でさっさと立ち去ってしまったんです。

そこにはセックスの余韻も何もありませんでした。

私が童貞だったのでセックスに過度な幻想を抱いていただけで、実際のセックスはそんなものなのだろうかと思いましたが、残された雪子さんの様子を見ると、案外見当はずれではなかったようです。

乱れた服装を直しながら、雪子さんは深いため息をついたんです。そこには中途半端なまま放り出されたとまどいと落胆がにじみ出ていました。やはり熊田のセックスは一人よがりで、雪子さんを満足させるようなものではなかったようです。

茂みの中から出た雪子さんは、祭の会場とは逆方向、自分の家のほうに向かって歩き出しました。熊田とのセックスがひどすぎたせいか、もうこのまま帰るつもりのようです。そしたら私のせっかくの祭の夜が、なんの成果もなく終わってしまいます。

そう思った私は、とっさに雪子さんに声をかけてしまいました。

「こんばんは」

振り返った雪子さんは小さくため息をつきました。私のことをまだ子どもだと思ってがっかりしたようでした。

「こんばんは。君、こんな時間に外を歩いてて平気なの？　今夜は祭の――」

「好きです！」

私は雪子さんの言葉をさえぎって、いきなり抱きしめてキスをしました。そうすることが、この祭の夜には正しい行いだったからです。もちろんファーストキスです。それはただ唇をふれ合わせるだけのキスでしたが、感電したように全身がしびれてしまいました。

唇を離すと、雪子さんは目を見開き、そのまま固まっていました。まだ子どもだと思って油断していた私にキスをされて驚いたようでした。

「ぼく……今年、十八歳になったんです」

「え？　じゃあ……」

雪子さんの視線が私の顔から、すーっと下のほうへと移動しました。私の股間は大きくテントを張っていました。それを見て雪子さんは私にも祭に参加する資格があると理解してくれたようで、顔が一気にほてりました。

「いいでしょ？　ぼく、もう大人なんで」

私はもう一度、雪子さんにキスをしました。すると今度は雪子さんも私の背中に腕を回してきました。そして、唇を強く押しつけてくるんです。それだけではなく雪子さんは、私の唇をこじ開けるようにして舌を口の中にねじ込んできました。

恥ずかしながら、私はディープキスというものの存在も知りませんでした。ただ唇を重ねるのがキスだと思い込んでいたんです。だから雪子さんの舌が口の中に入り込み、私の舌と絡み合うように動き出すと、驚きのあまり、頭の中が真っ白になってしまったんです。

「どうしたの？　君、ひょっとして……」

呆然《ぼうぜん》としている私を見て、雪子さんは目の前にいるのが童貞だと気づいたようです。だけどそのことはマイナスではないようでした。

「いいのよ。私に任せて」

雪子さんは艶然《えんぜん》と微笑むと、私の手をつかんで茂みの奥へと入っていくんです。そこには、さっき熊田と雪子さんが使ったゴザが敷いたままになっていました。

「あら、ゴザが敷いてあるわ。今夜、誰かが使ったのかもね。ちょうどいいから、これを使わせてもらいましょ」

私が覗いていたことを知らない雪子さんは、そう言って私をゴザの上に誘いました。

もちろん覗き見をしていたことは秘密ですから、私はあえて何も言いませんでした。

「さあ、脱がすわよ」

雪子さんはゴザの上に正座して、仁王立ちした私のズボンとブリーフをおろしました。飛び出したペニスは、自分でも驚くほど大きくなっていました。

「まあ……大きい……」

雪子さんはため息のような声で言い、私のペニスを右手でつかみました。

「ううっ……」

ペニスを他人につかまれたのは初めての経験です。しかも相手はあこがれの人妻である雪子さんです。ただつかまれただけで、なんとも言えない快感が襲いかかってきました。

「大きいだけじゃなくて、すごく硬いわ」

うれしそうに言うと、雪子さんはペニスを握りしめたまま、手を上下に動かしはじめました。自分でしごくのとはまったく違う気持ちよさです。しかも、雪子さんは人妻だけあって、ペニスの気持ちいい場所もちゃんと心得ているんです。

「ここが気持ちいいんでしょ？」

そう言ってカリクビのところを優しくこすられると、もうペニスはピクンピクンと細かく痙攣するほど感じてしまうんです。

「うう……いい……気持ちいいです……」

「あら、もう我慢汁が出てきちゃったわ」

雪子さんが言うとおり、ペニスの先端に透明な液体がにじみ出てるんです。と思うと、雪子さんはそこに顔を近づけて、我慢汁をぺろりと舐めてしまいました。

「はうっ……」

思わず奇妙な声を洩らした私の顔を上目づかいに見つめながら、雪子さんは亀頭をパクッと口に咥えました。

雪子さんの口の中は温かくてぬるぬるしていて、すごく気持ちいいんです。手でつかまれただけでも気持ちいいと思いましたが、その何十倍も気持ちいいのでした。

しかも雪子さんはペニスを咥えたまま首を前後に動かしはじめました。初めて経験するフェラチオの気持ちよさに、私はみっともないぐらい悶えまくってしまいました。

「あううう……す……すごい……ううう……気持ちいいです……ううう……」

雪子さんはただがむしゃらにしゃぶるだけではなく、カリクビが口から出るか出ないかといったしゃぶり方をするんです。それは雪子さんがさっき言った、「ここが気持ちいい」場所です。

男の体を知り尽くした熟女のフェラチオに、まだ童貞だった私が長く耐えられるわけがないんです。すぐに射精の予感が体の奥のほうから込み上げてきました。

「だ……ダメです。それ以上されたらぼく……ううう……」

私が苦しげに言っても、雪子さんはやめようとはしません。それどころか首の動きをさらに激しくするんです。

「ああ、雪子さん……も……もう出そうです。ああ、出る……出る、出る、出る！」

カリクビのあたりを重点的に刺激され、私はあっさりと限界を超えてしまいました。

ペニスがビクンと激しく脈動し、雪子さんの喉奥目がけて、勢いよく精液が噴き出してしまうのでした。

「うっぐぐぐ……」

雪子さんが眉間に深くしわを寄せて、苦しげにうめきました。その様子を見おろしながら、私はさらにドピュンドピュンと射精を繰り返しました。

「す……すみません。ぼく、我慢できなく……」

口の中に射精してしまうなんて許されることではない。きっと「汚いわね」と怒られてしまう。そう思った私はあわてて腰を引き、雪子さんに謝りました。だけど雪子さんは特に怒ることもなく、私の顔を見上げると、ゴクンと喉を鳴らして口の中の精液をすべて飲み干してしまったんです。

「えっ……」

当時は、精液を飲むなんて行為があるとは想像したこともありませんでしたから、その驚きはかなりのものでした。でも、けっしていやではありませんでした。

それに、雪子さんがぺろりと唇を舐め回して、「いっぱい出たわね」と優しく言ってくれたものだから、萎《しぼ》みかけていたペニスがまたムクムクと勃起していき、射精前よりもさらに大きく硬くなってしまったんです。

「ああん、やっぱり若いってすごいわ。いま、あんなにいっぱい出したばかりなのに、またこんなに……もう入れたくなっちゃった。あれ、持ってきてるわよね？」

雪子さんは私のズボンのポケットからコンドームを取り出すと、それをペニスに装着してくれました。そして雪子さんは胸をはだけ、自ら下着を脱いでゴザの上にあおむけになり、私に向かって股を開いたんです。

薄暗い林の中でしたが、私にははっきりと見えました。雪子さんの陰部は愛液にまみれてキラキラ光っているんです。しかも、さっき熊田の大きなペニスを入れられたせいでしょうか、膣口がぽっかりと開いているんです。

雪子さんはそこを指さして言いました。

「さあ、来て。ここに入れればいいのよ。できるわよね？」

そんな雪子さんの言葉に合わせるように膣口がヒクヒクとうごめくんです。興奮のあまり私は鼻血が出そうになりながら、雪子さんに覆い被さっていきました。

さっき熊田のセックスを見て、前戯もろくにしないでダメだなと思ったくせに、私はもう入れたくてたまらないんです。でも、雪子さんがそれを望んでくれているのですから、遠慮する必要はありません。

反り返るペニスを右手でつかみ、誘うようにうごめく膣口に先端を押し当てました。すると、ペニスがぬるりと半分ほどすべり込んでしまいました。

コンドーム越しでしたが、温かさとぬるつきがはっきりと感じられるんです。

「もっと……もっと奥まで入れてぇ……」

雪子さんが両腕をこちらに差し出しながら、悩ましい声で言いました。

私はその腕の中に飛び込み、乳房を舐め回しながら腰を押しつけました。ぬるぬるとペニスがすべり込み、二人の体が完全に重なり合いました。

それは私が童貞を卒業した瞬間でした。しかも相手はあこがれの人妻である雪子さんなんです。感動で体が震えてしまうぐらいでした。

「ああ～ん、すごい……奥まで……奥まで当たってるわぁ。あああん、今度は動かしてぇ。オマ○コの中をいっぱいかき回してぇ……」

もちろん私に異存はありません。私は腰を前後に動かしはじめました。いわゆるピストン運動という動きです。それまでそんな腰の動かし方をしたことはありませんでしたが、生まれつき備わっていた本能だとでもいうように、腰はひとりでに動いてしまうのでした。

「あぁぁんっ……気持ちいいぃ……はあああん……」

雪子さんは白い喉をさらしながら喘ぎつづけます。自分のペニスで気持ちよくなってくれているのだと思うともっと気持ちよくしてあげたくなり、私は二人の体がぶつかり合ってパンパンパン……と拍手のような音が響くほど激しく腰を振ってしまうのでした。

でも私は、その直前まで童貞だったんです。そんな勢いで抜き差しすれば、すぐにまた限界が訪れるのはわかりきったことでした。

「あっ……雪子さん、ぼく、また……またイキそうです。うう……」

「いいわ。君のオチ○チン、すごく硬くて大きいから、すっごく気持ちよくて……私も……あああん、私ももうイキそうよ。あああん」

なんとか必死に射精を我慢しようとしましたが、やはりもう限界です。

「あ、ダメだ、もうイク！　あっううう！」

ペニスを根元まで挿入したまま私は腰の動きを止めました。全身の筋肉が硬直し、ペニスだけが膣奥でビクンビクンと暴れ回るんです。すると、その刺激で、雪子さんも最後の一線を越えたようでした。

「あああん！　イク～！」

きゅ～っと膣壁が収縮し、私のペニスを締めつけました。その締めつけを振り払うようにさらにペニスがビクンビクンと脈動を繰り返し、私は体の中が空っぽになるぐらい大量に射精してしまったのでした。

それが私の初体験でした。いま思い返すと、胸が苦しくなるぐらい甘美な体験です。だけど、私は半年後に仕事を求めて都会へ移住してしまいました。

その後、村は過疎化が進み、いまでは地図からも消えてしまったんです。もちろんあんな前時代的な風習もいっしょに消えてしまったことでしょう。いまごろ、雪子さんはどこでどうしているだろうかと、私はときどき考えてしまうんです。

遠洋漁業で長く家を空ける漁師の妻が熟れ切った肉体で貪りまくる若い男の肉棒

徳本慎吾　会社員・四十五歳

私は東北にある漁師町の出身で、学生時代までそこで過ごしていました。

漁船が海に並び、大半の人が漁業で生活をしていました。小さな町並みはどこへ行ってても魚の匂いがしていました。

私が生まれ育った町では、漁師町ならではの決まりと風習がありました。

それは男たちは遠洋漁業に出ると長いこと家を空けるため、その間だけは欲求不満の妻たちが浮気を許されていたのです。

昔からそういった決まりがあるらしく、地元ではあたりまえのように広まっています。そのため妻をよその男に奪われたくない漁師たちは、近場での漁にしか出ることができないというのです。

私は子どものころに、学校の友だちからこの噂を聞きました。幸い私の家は商売をやっていたので、母親の浮気の心配をする必要はありませんでした。

しかし漁師の家庭では、相当に妻の性が乱れていることもあったようです。

実は私も高校生のころに、一度だけそうした実態を目《ま》の当たりにしたことがありました。

あれは私がまだ十六歳だったころです。高校へ自転車通学をしていた私は、毎日海辺の道を二キロほど往復していました。

その通学路の途中に、石森《いしもり》さんという漁師夫婦の家がありました。

二人とも三十代の後半で、旦那さんは一年の半分以上は遠洋漁業に出ています。その間は奥さんの洋子《ようこ》さんは、一人で家の留守を守っているようです。

通学途中の私を見かけると、洋子さんは「おはよう。いってらっしゃい」と明るく声をかけてくれます。

洋子さんはおおらかな性格のきれいな顔立ちの女性で、私が幼いころからよく知っていました。自分に子どもがいないせいか、近所の子どもたちにも優しくしてくれました。

それだけに私は、洋子さんのことは信頼していたし、ほかの性に乱れた奥さんとは違うと思っていました。そういう女性たちはすぐに噂になり、近所の奥さんの間で陰口を叩かれてしまうのです。

ただ洋子さんも旦那さんが漁に出ている間だけは、ふだんの明るさが陰をひそめてさびしそうにしていました。旦那さんが恋しいのか、海辺でぼんやりと遠くを眺めている姿もよく見かけました。

そういうときは私も近づいて、声をかけるようにしていました。たった一人で家を守る孤独な生活の慰めに、少しでもなってやろうと思ったのです。

「洋子さん、元気出してよ。さびしかったら話し相手になってあげるから」

「ありがとう。慎吾《しんご》くんは優しいのね」

私が声をかけると、洋子さんはうれしそうにしていました。軽い立ち話でも気がまぎれて、スッキリした気持ちになってくれたようです。

すると、ある夏の日のことでした。

学校帰りに海辺で洋子さんを見かけた私は、いつもとは様子が違うことに気づきました。気になって近づいてみると、どうやら泣いていたようなのです。

「どうしたの、何かあったの？」

心配して声をかける私に、洋子さんは涙を手でぬぐいながらこう答えました。

「ごめんね、ちょっとさびしくて……昨夜からずっと落ち着かないの」

どうやら今回の旦那さんの遠征は、四カ月はかかるというのです。何日もそうやって一人で過ごすうちに、ふと涙がこぼれたり何もできないほど落ち込んでしまったり、かなり気持ちが弱っているようでした。

「ねぇ、これから家に寄っていかない？　ちょっとだけでいいから」

すがるように腕をつかまれた私は、時間もあったので家に上がらせてもらいました。もちろん下心などなく、話し相手になってあげたかっただけです。

誰もいない家の中は散らかっていて、雑誌や洗濯物がそこらじゅうに放り出されたままでした。

「散らかっててごめんなさい。一人の生活だとだらしなくなっちゃうの」

洋子さんは恥ずかしそうに笑っていました。お酒でさびしさをまぎらわせていたのか、缶ビールの空き缶も大量に並んでいました。

そのとき私は、洗濯物のなかに下着があることに気づき、ドキッとしました。

いくら子どものころから知る女性とはいえ、高校生には刺激的な眺めです。つい隠れてチラチラと眺めてしまいました。

しばらく私たちは、テーブルを挟んでお茶を飲みながら会話をして過ごしました。

洋子さんの口から出てくるのは、日々の生活のさびしさや愚痴ばかりです。私はそれを聞きながら、明るい気持ちになってもらおうと励ましつづけました。

「ありがとう。私にそんなことをしてくれる子なんて、慎吾くんだけよ」

ふと洋子さんが、じっと私の顔を見つめながら、そう言いました。

そのままイスから立ち上がり、ゆっくりとこちらへ近づいてきたのです。

「えっ……!?」

すぐ真正面に洋子さんの顔が迫ってきたので、私は思わず目を閉じました。

私の唇に、やわらかな感触が押しつけられました。それが洋子さんの唇だと、はっきりとわかります。

驚いて目を開けた私に、洋子さんは妖しく微笑みかけてきました。

「すごく緊張してたみたいね。キスも初めてだったの?」

私がうなずくと、もう一度キスをしてくれました。

二度目は唇だけでなく舌まで割って入ってきました。ねっとりと唇を舐めたあと、私の舌にも絡みついてきたのです。

激しいディープキスと押しつけられる胸の感触に、あっという間に私の股間は硬くなりました。

どうして突然キスをされたのか、まだ私は理解できないままです。とまどいながらも興奮だけがぐんぐんと上昇していきました。

ようやく唇が離れると、洋子さんは服を脱ぎながらささやきかけてきました。

「知ってるでしょ。このあたりの漁師の奥さんは、みんな同じことをしてるの。私と慎吾くんが浮気しても、誰も責める人はいないのよ」

「で……でも、ぼくまだ高校生だし」

私が精いっぱいの抵抗をしても、洋子さんはまったく耳を貸してくれません。逆に目の前で次々と服を脱ぎ捨て、裸を見せつけてきました。

ブラジャーをはずし、とうとうショーツにまで手をかけると、もう体を隠すものはなくなりました。

私はゴクリと生唾を飲み込んで、洋子さんの裸を見つめました。

三十代後半の体は、やや脂肪がついて下半身がむっちりしています。胸は程よくふくらんで、大きめの乳首がとがっていました。

さらに私の目を引いたのが、股間に広がる黒々とした陰毛です。

毛の量も多く、逆三角形に渦巻いていました。ただの毛のかたまりがこんなにいやらしく見えるなんて、思ってもいませんでした。

あまりに私がジロジロと股間ばかり見ているからなのか、洋子さんは少し恥ずかしそうに手で隠してしまいました。

「毛深いでしょ。こっちも全然お手入れしてなかったの。あんまり見られると、恥ずかしくなっちゃうから」

私はそんな洋子さんの仕草に、猛烈にムラムラしてしまいました。

ただ奥手な性格だった私が、年上でしかも人妻だった洋子さんに襲いかかるなんて、できるはずがありません。

すると洋子さんのほうから、イスに座っている私の足元へ屈み込んできました。足の間へ体を入れてズボンに手を伸ばしてきたのです。

「慎吾くんのここも、大きくなってるんでしょう？　私にも見せて」

私の硬くなっていた股間をさすり、学生ズボンのベルトをはずそうとしていました。もちろん自分で脱げばあっという間でした。しかし相変わらず私は何もできず、洋子さんに身をまかせっぱなしです。

ベルトをはずされ、ファスナーを下げられると、いよいよ下着に手をかけられました。

「あら、すごい！」

ピンと勃起したペニスが飛び出すと、洋子さんが声をあげました。

女性経験のまったくなかった私は、ペニスも皮をかぶったままでした。亀頭が隠れた仮性包茎だったのです。

そんな未熟なペニスでも、洋子さんはうれしそうにまじまじと見つめています。

「かわいい。まだ大人になってないのに、こんなに元気になって」

そっと洋子さんの手がペニスを包み込みました。

「うう……」

やわらかな女性の手を感じ、背筋がゾクゾクしました。

そのままゆっくりと指を動かされ、皮もいっしょに剝けてしまいました。亀頭はまだ直接さわると痛いのです。

「あっ、ごめんなさい」

そのことを知らなかった洋子さんは、私が痛がったのを見て手を離しました。

「指でさわったら痛いの？」

「まだ、少し……」

そう言うと洋子さんは、困った顔で私を見上げてきました。

「じゃあ、こうしてあげる。これなら痛くはないでしょ」

そう言ってベロっと舌を出し、亀頭の裏側を舐め上げてきたのです。

思わずイスからお尻が浮いてしまいそうになりました。それほどの刺激が体じゅうに走り抜けていったのです。

敏感な亀頭でも、舌での刺激はまったく痛くはありません。それどころかものすごい快感でした。

「うっ……」

さらに口の中へ吸い込まれると、温かい粘膜に包み込まれて腰が溶けそうになりました。

洋子さんは色っぽく目を閉じて、ゆっくりと唇を上下に動かしています。舌を亀頭に絡みつけながら、喉に届くまで何度も呑み込んでくれました。

ゆっくりとした動きだったのは、強い刺激を与えすぎて私が射精しないよう、気をつかっていたのかもしれません。

それでも口の中で味わう快感は、これまでに経験したことがないものでした。

ふだんのオナニーではただ手でこすって発射するだけです。それに比べれば天と地ほどの差がありました。

少しずつ舌の動きが激しくなってきます。ただ舐めるのではなく、ザラついた部分で包み込んだまま、器用にこすりつけてきました。

じわじわと快感から逃《のが》れられずに追い詰められてゆく感覚です。このままだとまちがいなくこらえきれずに発射してしまうでしょう。

ここで洋子さんがいったん口を止めてくれたので、私はホッとしました。

「そろそろ我慢できなくなってきたんじゃない？」

「うん、もう……」

洋子さんも私の射精が近いことを感じていたようです。そのまま私をイスから立たせ、「こっちに来て」と別の部屋へ引っぱっていきました。

そこは夫婦の寝室なのか、大きなベッドが横たわっていました。旦那さんのものらしい男性用の下着や肌着が、ベッドの回りに散らばっています。

「ここに毎日一人で寝てると、どうしようもなくさびしくなるの。だからあの人の匂いを忘れないように、こんなものまで洗濯をせずに残してあるのよ。おかしいでしょ」

悲しそうに笑う口ぶりから、洋子さんの孤独な生活が想像できました。

「でも今日は慎吾くんが来てくれたから、さびしくないわ」

そう言うと、洋子さんは私をベッドに優しく押し倒しました。

上から洋子さんも重なってきます。まだ上半身は服を着たままでしたが、それも脱がされてしまいました。

お互いに全裸になってしまうと、あらためて洋子さんの体がとても色っぽいことに気づきました。

私よりもはるかに年上で、もうオバサンと言ってもいい年齢です。それでもやわらかそうな胸やむっちりとしたお尻が、たまらなく魅力的でした。

さっきまでは体に手を出せずにいた私も、フェラチオを経験して大胆になっていました。ただよってくる甘い匂いにつられ、乳首を口に含んでみたのです。

「んんっ、あっ……」

乳首を舐めていると、洋子さんが甘い声を出しはじめました。

明らかに感じている反応に、ますます興奮に火がつきました。力加減も考えずに強く乳首を吸いながら、やわらかな胸の感触を堪能しました。

「うれしい。そんなに私の体に興奮してくれるなんて」

夢中になって肌にむしゃぶりつく私を、洋子さんは愛おしそうになでてくれます。

次に胸に埋めていた顔を、洋子さんの下半身に近づけました。

そこはさっき手で隠された、黒々と渦巻く陰毛がある場所です。今度は隠されることもなく、逆に足を開いて私を待ち受けていました。

「うわ、すごい……」

初めて生の性器を見た瞬間、思わず口走ってしまいました。

陰毛に隠れるように、くすんだ色の割れ目が口を開いています。想像していたよりもずっと淫らな形をしていました。

私がじっくりと性器を観察していると、洋子さんが恥ずかしそうに腰をもじつかせています。

「もう、そんなに見ないで。これでもだいぶ我慢してるのよ」

そう言いつつも、どこか気持ちよさそうな声色でした。まるで見られて興奮しているかのようです。

私は思いきって股間に顔を近づけました。鼻先までくるとなまなましく甘ずっぱい匂いがします。

「あんっ……！」

舌を割れ目に沿って走らせると、洋子さんが甲高い声をあげました。

たっぷり口で気持ちよくしてもらったので、そのお返しのつもりでした。舌をとがらせてもぐり込ませたり、豆粒のようなものを口に挟んで吸ってみたり、いろんなことをやってみました。

無我夢中でむしゃぶりついていると、洋子さんの体が何度も跳ね上がり、声も大きくなってきます。

「ああっ、いいっ……あっ、もっと……」

自分の舌で大人の女性を感じさせていると思うと、たまりませんでした。

洋子さんはもう数え切れないくらい旦那さんに抱かれているはずです。きっと私なんかより、ずっとセックスもうまいに違いありません。

それなのに私の愛撫でここまであられもない声を出すなんて、よっぽどセックスに飢えていたのでしょう。

「早く、お願いだから……来てっ」

洋子さんに急かされた私は、すぐさま起き上がって挿入する姿勢を取りました。

すでに私も限界まで来ています。一刻も早くつながってみたいのは私も同じでした。

腰を屈めてペニスを押し当て、洋子さんの足を開かせます。何もかも初めての経験なので、かなり強引なやり方でした。

そのまま狙いをつけて、一気にペニスを突き立てると、割れ目の奥ににゅるりと呑み込まれていきました。

「うっ、ああっ」

あっという間の挿入でした。私は腰を押しつけながら、快感のうめき声を出していました。

あそこの中はとても熱く、ぬるぬるした穴が奥まで続いています。ペニスが入ったとたんに、全体が締めつけてきました。

「ああ……すごい、こんなにいっぱい」

下になっている洋子さんも、うっとりと私の体に手を回していました。

まだつながっただけなのに、もう私は気持ちよさのとりこになっていました。激しく動いてしまうと、一気に射精してしまいそうでした。

私は用心深く、ゆっくり腰を引いて押し進めてやりました。

その一回ごとに快感が込み上げてくるので、つい手に力が入ってしまいます。

「いいのよ、あせらなくても。慎吾くんが好きなように動いてみて」

ぎこちなく腰を動かしている私に、洋子さんが優しく声をかけてくれます。

とはいえ本音では物足りなかったのでしょう。つながっている腰が、もどかしそうに揺れていました。

どうにか慣れてきて落ち着くと、少しずつ体の動きに変化をつけられる余裕も出てきました。

最初は浅く小刻みに、それから強めに深く突いてやります。

「あんっ……！」

強めの挿入に、洋子さんはひときわ大きな声を出してくれました。どうすれば感じてくれるか、次第にコツをつかんできました。洋子さんは優しく動かすよりも、強く深く突いてやるほうが好みのようです。

深くつながったままペニスの先を押しつけていると、下から腕が絡みついてきます。それだけでなく、強引にキスをして舌をすべり込ませてきました。

この状態で私は身動きができなくなりました。腕だけでなく足まで腰に絡みついてくるのです。

「ンムムッ」

舌に吸いつかれたまま、同時にペニスも締め上げられていました。まるで絶対に離さないと、体で訴えかけているかのようでした。

私は息苦しさと窮屈さの両方を感じつつ、洋子さんに強く抱かれることに悦びを覚えていました。

「ああ、すごくいいっ。もっと、もっと私を愛してっ」

洋子さんがどんどん淫らに豹変していきます。つい先ほどまで、さびしそうに海を眺めていた姿とは別人のようでした。

私も洋子さんにつられるように、腰の動きを速くしていきました。できるだけ我慢をしてきましたが、もう射精を止められそうにありません。

童貞の私でも、このまま射精をしてしまってはまずいとわかっています。

しかし洋子さんは、私にペニスを抜くことを許してはくれませんでした。

「ダメ、抜かないで。お願い、私の中にいっぱい出してっ」

その言葉に、私の理性も弾け飛びました。

とうとう私は耐えきれなくなり、強く腰を押しつけたまま、一気に精液を発射しました。

「ううっ！」

あまりの快感に、意識が飛んでしまいそうです。初めて経験する刺激の中で、射精の余韻にひたりつづけました。

気がつくと、洋子さんが満足そうに私を見上げていました。

「気持ちよかったでしょう。私としたくなったら、いつでもここに来ていいのよ」

私はその言葉に、黙ってうなずきました。

それからというもの、私は学校帰りに洋子さんの家に寄るのが日課になりました。

洋子さんはさびしさをまぎらわせるため、私は性欲を発散するため、お互いを必要としていたのです。

ところがそうやって頻繁に家に出入りしていては、私たちの間によからぬ噂が立つのは時間の問題でした。

ある日、母親から「もうあの家に寄るのはやめなさい」と釘を刺され、洋子さんに会うことを禁じられてしまったのです。

それからは顔を合わせても、洋子さんから逃げるように立ち去るようになりました。洋子さんはさびしそうにしていましたが、学生だった私には仕方のないことでした。

私は高校を卒業後に町を出て、実家にもあまり帰らなくなってしまいました。洋子さん夫婦もいつの間にか離婚をしていたと聞きました。

私にとってはほろ苦い青春時代の思い出です。

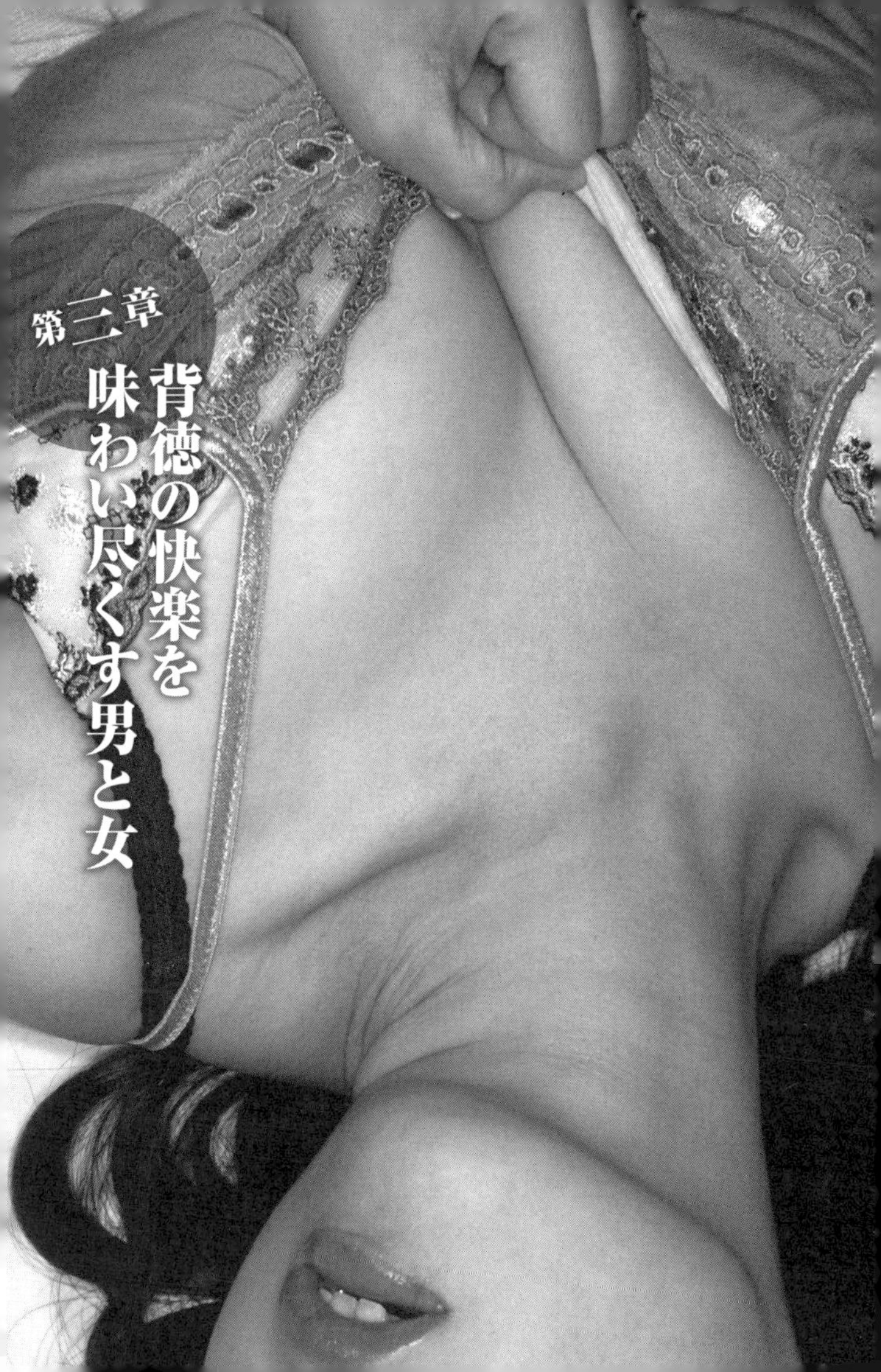

第三章 背徳の快楽を味わい尽くす男と女

古より続く海の神に豊漁を願う儀式
村一番の漁師の剛直で貫かれる純潔

佐藤和枝　主婦・五十三歳

私が十七歳のときに体験したことです。誰にも話したことはありません。

私の出身は、北海道の漁業以外に何も産業のない貧しい村なので、悪天候やシケが続いて漁に出れないと、ほんとうに死活問題なんです。なので、そんな風習が残っていたのかもしれません。その直後に昭和が終わったのをよく覚えています。

どんな風習かというと、海の神に豊漁を願う儀式です。

村を守る氏神様《うじがみさま》の神殿奥に、「海の巫女《みこ》」と呼ばれる祈禱師《きとうし》のような神事を司《つかさど》る女性がいて、その人が毎年、古《いにしえ》から続くといわれる儀式の参加者を指名するのです。

指名されるのは、男女一人ずつと決まっていました。男性はだいたいその年、最も多くの魚を水揚げした漁師が選ばれます。つまり、村の稼ぎ頭ということです。

女性は「潔女」と呼ばれ、処女でなければなりません。神を絶対視していた古来においては、汚れなき処女は海に捧げる貢物《みつぎもの》だったのでしょう。腕のいい漁師が海の恵みに感謝して、神に代わっておぼこに貫通する儀式だったのかもしれません。

この歳になって考えてみれば、いくら三十年以上前のこととはいえ、それでほんとうに豊漁になるなどということを信じていたとは思えません。神事に名を借りて、村に貢献した漁師への〝ご褒美〟のようなものになっていたのではないでしょうか。

とにかく私は十七歳のとき、その神事に参加する「潔女」に選ばれたのです。

「和枝《かずえ》、村のためだから、名誉に思って、立派に務め上げてくるのよ」

母親の口調が申し訳なさそうだったのを覚えています。

私は正真正銘の処女でしたが、それがほんとうかどうかは特に調べられなかったので、やっぱり「そう見えればいい」ぐらいのことだったのではないでしょうか。

儀式が行われる日時と場所以外、詳しい内容は教えられませんでした。ただ、男女が性的なことをする風習があるということは、私も噂で聞いていました。

親はかわいそうに思っていたのかもしれませんが、逆に私としては、性行為への興味は有り余るほどでしたから、まったく悲壮な気持ちにはなりませんでした。

それこそ神様が機会を与えてくれたような気分でした。とはいえ、やはり儀式当日まで、私は初体験の緊張で心ここにあらずという毎日を過ごしていました。

そして当日、指定された場所は氏神様の神殿奥の座敷でした。私がそこに入るのは初めてでした。高校の制服を着ていきました。紺のブレザーにボックススカート。白いブラウスにエンジのリボンをつけて、白いハイソックスをはいていきました。

神殿奥の座敷は田舎の漁村とは思えないほど立派なところでした。テレビの時代劇に出てくる殿様の寝室のような造りで、蚊帳《かや》が吊ってあって、お香が焚《た》かれていました。その向こうに籐のすだれが垂れていて、いきなり声がしたんです。

「それでは、未来永劫《えいごう》の豊漁を祈願して、選ばれし漁師と潔女の儀式を始めます。そこにおわすのが、今年の潔女、佐藤《さとう》和枝ですね」

私は驚いて、「ヒッ、ひゃい」と変な返事をしてしまいました。姿は見えませんでしたが、あれが「海の巫女」だったのでしょう。落ち着いてきれいな声で

「蚊帳に入って、本日、ともに儀式に臨む清水健司《しみずけんじ》を迎えてください」

蚊帳の中には純白の布団が敷かれていました。その上に正座すると、すだれの陰から男性が現れて、蚊帳の中に入ってきました。見るからに漁師のいで立ちでした。

「こんな格好だけど、これが俺たちの正装だからさ」

二十五歳の漁師さんで、想像していたよりずっとかっこいい男性でした。漁師ですから逞しいのは当然としても、今風に言えばイケメンだったんです。

私は思春期の女子高生ですから、一瞬でポッとしてしまいました。

「よ、よろしくお願いします。健司さんと呼べばいいですか」

「うん、いいよ。じゃあ俺は、和枝ちゃんでいいかな」

「はい、もちろん」

するると、海の巫女の声がこう言ったんです。

「まず最初に、お互いに気持ちを通わすため、接吻をしなさい」

健司さんに「和枝ちゃん、立って」と促されて、立ち上がると、正面から向き合ったまま抱き寄せられました。太い腕に包まれて、私の心臓はドキドキと早鐘《はやがね》のように鳴っていました。私はキスも初めてだったのですが、健司さんがやさしくリードしてくれました。あんなに気持ちいいものだとは思っていませんでした。

お互いの舌が口の中を行ったり来たりして、ねっとりと絡みつきました。それだけで私はトロトロにとろけてしまい、明らかに性的な興奮を覚えていました。ええ、さわらなくても、性器から愛液が溢れているのが、はっきりとわかったんです。どうなっちゃうんだろう、私……そう思っていると、また海の巫女の声がしました。

「それでは、私はここを去ります。海の神への祈禱を始めますので、あとは二人きりです。あなたたちは生まれたままの姿になって、儀式を進めてください。一つだけ守らなければいけないことがあります。まず最初に、潔女が口でペニスを清めてあげなさい。そこから先は、お互い思うがままに、性の悦びを満喫していいのです」

もはや神事のさなか。私は顔から火が出るほど恥ずかしかったんですが、そんな状況になってしまうと、全裸だろうがなんだろうが受け入れるしかありませんでした。

そんな私の気持ちを察したのか、健司さんがすばやく衣類を脱ぎ捨て、すっくと男らしく仁王立ちになってくれました。その肉体は筋骨隆々などという言葉では言い表せないほど、ダビデ像のように美しく、私は見とれてしまいました。

「和枝ちゃん、どうしても無理だったら、言ってくれよ」

「そ、そんなことありません。大丈夫です」

健司さんだけ裸にしておくわけにはいかないので、私も制服を脱ぎ去り、ブラジャーとパンティもはずしました。やっぱり恥ずかしいので、身を縮こめるようにして、両腕を胸の前でクロスさせておっぱいを隠し、布団の上にちょこんと女の子座りになると、目の前に健司さんのオチ○チンがぶら下がっていました。

海の巫女が発した「口でペニスを清める」という言葉が頭の中をグルグルしていました。フェラチオは知っていましたが、もちろん、したことはありませんでした。

「……ど、どうすれば、いいんでしょうか？」

「あ、そうか」と、健司さんが困ったように照れ笑いを浮かべました。その笑顔がやさしいので、私はまた安心してホッとすることができました。

「風呂入って洗ってきたし、汚くないから、まあ、アイスキャンディーだと思って、舐めたりしゃぶったりしてみなよ……ハハッ、そんなわけねえか」

「いえ、わかりました。やってみます。」

私は興奮のあまり、健司さんの顔とオチ○チンに、視線を行ったり来たりさせていました。それからオチ○チンの根元に手を添えて、口を近づけていったんです。

アイスを舐めるみたいに……そう心の中で唱えながら、ブランとしている亀頭にキスをしてみました。ピクッと健司さんが反応したので、うれしくなりました。

それから意を決して、その当時はそんな呼び名も知りませんでしたが、裏筋、カリ首、尿道口と、突き出した舌を這わせました。アイスキャンディーというよりはソフトクリームを舐め取るように、舌を巻き上げるようにして清めていきました。

「おぉっ、和枝ちゃん、なまらうまいじゃないか」

それがお世辞じゃないことは、オチ○チンの反応でわかりました。亀頭の先から根元まで一所懸命舐めるうちに、ムクムクと大きく硬くなってきたんです。

「す、すごい……なんか生き物みたいです」

「ハハハ、まだ知らんだろうけど、この生き物が女を狂わせるんだ。和枝ちゃんも今日は、これを入れるんだぞ。気持ちよくなれるといいな」

「は、はい……気持ちよくなりたいです」

そう言った自分が恥ずかしくて、私はさらに夢中でしゃぶりました。するとオチ○チンはさらに硬くなって、反り返るように亀頭が上を向いたんです。

「あ、あぁ、こんな……どうしよう」

「じゃあ、今度はそのかわいい口で、ぱっくり咥えてみな」

私は言われたとおりに、思いきり唇を広げて咥えてみました。カッチカチに勃起したオチ○チンは、亀頭だけで口の中がいっぱいになりそうでした。

「チ○ポの幹を、唇でしごくようにしてみな」

頭を前後に振って、ヌメッ、ヌメッと熱いペニスに唇をこすりました。

「口の中にツバを溜められるか？　いっぱいに」

ングッ、ングッと喉をうごめかせて、唾液を口腔に溜めていきました。そのままオチ○チンを唇でしごくと、口角から唾液がこぼれそうになりました。そんな姿を見られるのは恥ずかしいので、ときおり頬をキュッとすぼめて吸い上げました。

「くッ、はっ、どうして、そんなに締め方……」

私の口の中でビクビクとオチ○チンが脈打っていました。私は両手で健司さんの太腿をつかむようにして、頭を動かし、口元からノドまで亀頭を前後させました。

「んんッ、うぅ、気持ちぃぃ……和枝ちゃん！」

突然、健司さんが私の名前を呼ぶと、自分の太腿をまさぐる私の手を握って、グッと脚を踏ん張ったんです。そして、自ら腰を振って、私の口の中にピストンのような動きでオチ○チンを出し入れしはじめたんです。

ピストンを繰り出す健司さんの腰つきは、どんどん激しくなりました。

そんなことをされたら、口から唾液が溢れてしまうのを止めることはできませんでした。健司さんが腰を振るたびに、ジュボッ、ジュブッという音がして、泡立った私の唾液がオチ○チンを伝わり、陰毛や睾丸にまで滴り流れていきました。

「和枝ちゃん、俺、もう我慢できねえぞ」

興奮した表情の健司さんに、私は布団の上に押し倒されました。

「きゃっ」と小さく悲鳴をあげて、脚をばたつかせると、その間に健司さんの右手が入ってきました。そのまま誰にもさわられたことのない陰部をさわられました。

「ヌルヌルじゃねえか、和枝ちゃん……」

「イヤ、言わないで……ください」

私は健司さんの右手首を両手で握って、イヤイヤと左右に頭を振りました。キスしたときから私は自分が濡れていくのを感じていましたが、全裸になってフェラチオさせられるという状況に興奮して、どうしようもないほど愛液が溢れてしまったんです。そのとき私はほんとうに処女だったんです。

でも、小四のときから毎日のように自慰行為にふけっていたので、かっこいい健司さんと二人きりで全裸になって、キスして、オチ〇チンをしゃぶって、これからセックスすると思うと、頭の中がエッチな期待と興奮でいっぱいだったんです。

「和枝ちゃんは、すごく感じやすいんだな」

そう言った健司さんが、私の乳房をムニュッともみしだきました。「乳首もピンピンになってるしな」と、親指と人差し指にはさんでクリクリと転がしました。

男の人に愛撫されると、乳首がそんなに感じるということを知らなかったので、私は「あぁ、うん」と自分で聞いてもエッチな声を出してしまいました。

「そこ、そんなに……ダメぇ」

「これだったら、初体験でも気持ちいいかもな」

うれしそうにつぶやいた健司さんが、指で左の乳首を転がしたまま、唇を大きく広げて右の乳首に強く吸いつき、続けざまに舌で弾き上げてきました。それから乳房を両手でもみしだきながら、左右の乳首を交互にしゃぶり回してきたんです。

私の体がビクビクと痙攣して止まりませんでした。

「ダメダメ……か、感じちゃ……うぅ、そこ」

すると健司さんは、あおむけになっていた私のお尻を両手で抱えて、ググッと持ち上げていったんです。体育の柔軟体操のように全身が丸まり、両足が自分の頭の上まで伸びていきました。そして、浮き上がった私の背中をお腹に乗せるようにして体勢を支えたんです。生のお尻が天井を向いて、健司さんの目の前にありました。

「やッ……こんな格好、恥ずかしすぎます」

さらに健司さんは、私の背中をお腹で押し込み、両膝の裏をつかんで左右に広げて、脚をVの字に伸ばしていきました。脚が広がっていくと、少し紅潮した健司さんの顔がのぞいてきました。それだけではありません。

「そ、そんなに……広げないでください」

太腿が開くに連れて、私の下腹部、陰毛、小陰唇がぱっくりと口を開けた女性器が見えてきたんです。それがマングリ返しという名前だと知ったのは、自分のスマホでひそかにエッチな動画を見るようになった、いまから十年ほど前のことでした。

「うぐぅ、ヒッ、おかしいです……こんなの」

三十数年前、十七歳の私はそんなことをされると思ってもいなかったので、あまりにもエッチなマングリ返しの景色に、脳みそをかき回される気分でした。

「ほら、こんなに濡れてるぞ」

イヤイヤと小刻みに顔を振る私を、私の脚の間からジッと見つめながら、健司さんが、ヌルヌルに光る私の股間に顔を埋めていきました。

「あくぅ……信じられない、こ、こんな」

いきなりのクンニでした。舌を突き出して桜色の粘膜に絡みつけてきたんです。右側、左側と、大陰唇と小陰唇の間の溝に這い回らせて、開いた小陰唇の内側を舐め上げて、ジュルジュルと音を立てて、たっぷりの愛液を吸い上げていきました。

「はっ、あうっ、そんなに……はふぅん」

私は狂おしい吐息を洩らしながら、クンニから目を離すことができませんでした。

すると健司さんが、ヴァギナの割れ目を指で広げて、見せつけるようにクリトリスを剝き出したんです。米粒ほどの大きさで、透き通るような真珠色の粘膜の突起を、何度も舌先で弾き上げてきました。両手の指でネチャッ、ネチャッと小陰唇を閉じ開きながら、しつこいほどに舐めつづけられました。

「和枝ちゃん、気持ちいいみたいだな」

「……は、恥ずかしいです、ああっ、そこ」

指と舌をフルに使ってヴァギナを責め立てる光景を見せつけられて、私は気が狂いそうでした。「す、すごい」と全身をひくつかせていました。やがて自分の意思とは関係なく、ビクビクと肩が弾み、ブルブルと全身が震え、小刻みに痙攣を繰り返しながら足の指が開いていきました。

「イッ、イッちゃう！」

私が気をやると、すぐさま健司さんが言いました。

「和枝ちゃん、よく見てて」

右手の中指を膣口に押し当てて、ヌメヌメと埋め込んでいったんです。そのまま指の出し入れを繰り返されました。続けざまに突き入れてきたんです。

「あッ、そんな、あうッ！」

「オマ○コに指が入ってるだろ。ほら、二本入った」

「み、見えます……いや、いやらしい」

そのまま健司さんは、左手でクリトリスも愛撫してきました。

右手の中指と人差し指を膣の中に出し入れしながら、左手の人差し指から小指までの四本の指を振って、弾くようにクリトリスにこすりつけてきたんです。

「だめだめ……いやっ……あくぅ、気持ちいぃ」

私は両腕を伸ばし、健司さんの太腿に指を食い込ませて、髪を振り乱しました。またたく間にさっき以上の快感に襲われて、マングリ返しの体が弾みました。

「あぁっ、また、イッちゃう！」

何度も私の全身が痙攣を繰り返しました。健司さんも私も汗びっしょりでした。

「も、もうダメ……許してください」

私がようやくマングリ返しから解放されると、健司さんが言いました。

「それじゃあ、チ○ポを入れるか、和枝ちゃん」

私は荒い息を繰り返しながら、コクリとうなずきました。

すると健司さんが、布団の中央で私を抱きかかえるようにして、体育座りのような体勢で向き合い、膝を立てた両脚をクロスさせる「松葉崩し」になったんです。

「どうして、こんな格好なんですか？」

私がたずねると、健司さんはあたりまえのように答えてくれました。

「チ○ポが入るところも、見てえだろ」

「あぁ、また、そんな恥ずかしいことを……」

ただ、考えてみれば、上体を起こしたその体位は、儀式らしいと言えば儀式らしいスタイルのようにも思えました。そんなことを頭の片隅に浮かべながら、私はジッと待ち受けていました。健司さんが握ったペニスが私の陰部に近づいてきました。

「ハァ、ハァ、ハァ……」

亀頭が愛液まみれの割れ目に押し当てられ、グチュグチュとかき回されました。

「いいな、和枝ちゃん、ちゃんと見てて」

私はゴクッと息を呑んで、子どものようにコクコクと首を縦に振りました。

健司さんが少しずつ腰を押し出してきて、カリの張った亀頭がヌメリ、ヌメリと小陰唇を押し広げていきました。やがてヌメヌメッと勢いよく膣の奥までペニスが挿入されると、私は破瓜の痛みに襲われ、髪を振り乱しました。

「大丈夫か、痛いのか？」と心配してくれた健司さんに、私は笑顔で答えました。

「お、思ってたよりは……ええ、全然大丈夫です」

「そうか、じゃあ、チ○ポを出したり入れたりしていいな」

そう言っても、健司さんは初めてセックスする私を気遣って、できる限りのスローピッチで出し入れを繰り返してくれました。

両側から二人がのぞき込む、交差した脚の中心で、蜂蜜をまぶしたようにヌルヌルのペニスが、私の膣の中にゆっくりと根元まで埋まっては姿を見せていました。

「あぁ、こんな……い、いやらしい」

見つめる視線の先で、VTRのスロー再生のように、なまなましい挿入シーンが永遠に続くのではないかというほど繰り返されました。そのおかげで、私の感じていたロストバージンの痛みは、セックスの快感に取って代わられていきました。

「はぁ、はぁ、どうしよう……」

やがて私はなまめかしく腰を動かしながら、熱にうなされるように発していました。

「……オ、オマ〇コ、気持ちいい」

その直後、健司さんのペニスが勢いよく突き入ってきました。そして、丸見えの挿入シーンは、グチャッ、グチャッと激しい突き入れの連続になっていったんです。

「そ、そんな……ああっ、あうっ！」

私が我を忘れて凝視していると、健司さんの高揚した声が聞こえました。

「和枝ちゃん、俺が上になってもいいか」

「は、はい」

そして私は布団に寝かされ、やっと思い描いていたような正常位での初体験が始まったんです。健司さんの突き入れは、それまで抑えていたぶん激しくなりました。

すぐに私の両足を肩に担《かつ》ぐ屈曲位になると、腰を上から下に振りつけて、貫くように打ちこんできました。漁師の体力が爆発したようでした。

「ヒイッ、す、すごいっ！」

そんな激しい出し入れにも、私の体は快感を覚えていました。初めてのセックスだというのに、もっと、もっとと求めるように、腰を突き上げていました。

「あぁっ、イクイク、頭がおかしく……あうッ！」

「ングッ」と歯を食いしばるようなうめき声とともに、健司さんのペニスが弾け、私の膣奥深くに熱いかたまりが打ち当たってきました。何度も、何度も――。

事が終わって、ふと布団を見ると、赤々とした処女の印が残っていました。

健司さんには、儀式の相手以上の思いを抱きましたが、儀式で結ばれた二人がつきあうことは許されないことなのです。

その後、私は高校を卒業してすぐ、逃げるように上京してきて、そのまま今日まで東京で暮らしています。去年、初孫が生まれました。

いまでも、あの儀式が残っているのかどうかは、聞いたこともありません。

花嫁が一生を添い遂げる伴侶を選ぶため五人の婿候補とやりつづける乱交儀式

池辺幸代　主婦・六十歳

四国の某地にあるこの漁村で暮らすようになって、もう四十年近くになります。車で三十分ほどのところにあるとなりの漁村は、旅館や食堂もたくさんあってそれなりに栄えていますが、うちの村はほとんど漁師しか住んでいなくて、私がここに嫁いできた四十年前の風景とほとんど変わっていません。まちがってここまでやってきた旅行者は、日本にもまだこんな古びた昭和の風景が残っているのかと驚きます。初めてここに来たとき、私もショックでした。

大阪生まれなのですが、父が商売に失敗して家はかなり貧乏で、しかも子だくさんでした。末っ子の私は二十歳になると、親戚の紹介で、まるで金で売られるようにしてこの漁村に嫁がされました。いまなら人権侵害で大問題ですが、そのころの日本のひなびた地方では珍しいことではありませんでした。

じつは結婚のためにこの村にやってくるまで、相手の顔も知りませんでした。ただ、漁師の男と結婚するなんてイヤだなあとばかり考えていました。

初めて村に入り、親戚といっしょに網元の家に挨拶に行ったときも、「よそ者が来た」というような目で見られ、あまり歓迎されていない感じでした。こんなところで暮らすなんて、私はなんて不幸なんだろうと情けなくなったのを覚えています。

しかも、酒宴になってもかんじんの花婿と会わせてもらえません。確かに、昭和のそのころは、見合い結婚のほうが恋愛結婚よりも多かった時代です。結婚式を挙げるまで相手の顔をほとんど見たことがなかったという話もよく聞きました。だから、こういうこともあるのかと思いました。

入れ替わり立ち代わり、長老や村長や村の偉い人が挨拶にやってきたり、網元だというおじいさんからの挨拶や漁師歌の披露があったりして、酒宴そのものは盛り上がっていたのですが、私、ほんとうに結婚するんだろうかと不思議な気分でした。ただ、何人かの若い男の人が、やけにニヤニヤしていて、周りから囃《はや》し立てられていたのが気になりました。

そのときはまだ、この村に古くから伝わる独特の結婚の形について、何も知りませんでした。もし、あらかじめ教えられていたら、絶対に断ったと思います。

夜も深まったころ、長老だというお年寄りが私の前にやってきました。

「それでは、これから花婿候補を紹介する」

候補？　候補ってどういうことだろう。まだ決まってないの？　わけがわからずポカンとしていると、目の前に五人の若い男が出てきたのです。さっきみんなに囃されていた人たちです。

網元の話では、花嫁は五人の婿候補の中から自分で相手を選ぶ。それがその村のしきたりなのです。村全体が漁業で生計を立てているので、一つひとつの家が安定していることが大切です。そのためには夫婦円満は絶対条件なので、離婚などしないように、相手をしっかり選ぶことが求められているのです。

そして、男と女の相性を知るうえでなによりもあてになるのはセックスです。そんなわけで年ごろの娘は、五人の婿候補全員とひと晩のうちにセックスをして、「この男となら一生夫婦を続けられる」という相手を選ぶのだそうです。

それを聞いて、私はその場から逃げようかと思いました。私は処女ではありませんでしたが、セックスの経験はそれほど多いわけではありません。ひと晩で五人も相手にするなんて、とんでもない話です。ところが、たった一人の頼みの綱だった親戚は澄ました顔をしています。どうやら全部知っていたようです。そうなるともう逃げられません。

五人は神主さんから御払いをしてもらいました。みんな真剣な顔をしています。周りの人たちも静まり返ってその様子を見ています。何かたいへんなことが始まるという雰囲気で、とてもじゃないけど、これからセックスするというような気分にはなれません。なんとかして逃げ出したいとばかり考えていました。

でも、お祓《はら》いが終わると、五人はあたりまえのように次の間に入っていきました。そして私も、その部屋にむりやり入らされたのです。そこは十畳以上もありそうな立派な座敷で、真ん中に真新しい布団が敷かれていました。そこでいよいよ「花婿選びの儀」が始まったのです。

目の前の五人は、さすが漁師をやってるだけあって、みんな筋骨隆々でいかつい男性ばかりです。しかも全員がフンドシ姿でした。そのフンドシの前は、もうパンパンに盛り上がっていて、いまにも男性自身がこぼれそうになってます。性体験の少ない二十歳の娘にしたら恐怖の光景でしかありません。

きっと私、この人たちに押さえつけられて乱暴されて、次々に犯されてしまうんだ。もしこの中のだれかと結婚しても、この人たちはいつでも好きなときに私を犯すのかもしれない。私はこの人たちの共同便所みたいな女になるのかもしれない。きっとそうだ。そんな妄想が広がり、自然と涙が溢れてきました。

思わず逃げ出しそうになったのですが、一人の男に腕をつかまれました。

「どこ行くんだ。部屋の外には見張りがいるから逃げられないぞ」

もう最悪です。その場で土下座して許してもらおうと思いました。

すると、それより先に、男たちは順番に自己紹介を始めました。玄太《げんた》、龍平《りゅうへい》、丹治《たんじ》、勘九郎《かんくろう》、万蔵《まんぞう》……いまだから彼らの名前も顔もわかりますが、そのときは何がなんだかわからず、ただぼんやりと聞いているだけでした。挨拶が終わると、五人に白いワンピースを脱がされました。花嫁衣裳代わりにと親戚が買ってくれたものです。ああ、とうとう犯されるんだ。そう思って腹をくくり、目をつむりました。

すると五人の、おおっというような歓喜の声が聞こえました。

「都会の女はまぶしいのお」

「こんな美人、初めてだ。こんな村にはどこ探してもおらんな」

「大阪の女はいい匂いがする、これ香水か？」

「きれいなブラジャーしてるんだなあ。これがレースってやつか？」

「パンツにリボンがついてる。こんなの初めて見た」

「都会でいいもん食ってるから、体がむちむちだ」

もちろんバリバリの方言だったので、意味がわからないところもあったのですが、だいたいそんなようなことを言っていました。

「こんないい女が、ほんとにおれたちの中のだれかと結婚してくれるのか」

「なんか夢みたいな話だな」

どうも思ってたのと様子が違ってきました。

そのうち私は布団に寝かされました。それも、思っていたような荒々しい感じではなくて、まるで壊れ物を扱うような優しいしぐさでした。それで私は気がついたのです。この男たちは、大阪という都会から四国の名もなき漁村に嫁入りのためにやってきた私のことを、お姫様のように思っていたのです。

「じゃあ、いよいよ始めるからね」

「まあ、緊張しないでくれよ。これがこの村の風習で、もうずっとこうやって嫁を決めてきたんだからさ」

「おれたちがんばって気持ちよくしてあげるから、まあ、楽しんでよ」

どう答えていいかわからず、とりあえず気をつかわれてしまって、少し安心しました。とはいえ、ひと晩に五人とセックスするのだと思うと恐怖心はなかなか消えず、ちょっと震えていました。

どうやら順番はあらかじめクジ引きで決まっていたようです。最初は玄太だったと思います。正直、いまではもうよく覚えていません。

「ブラジャーはずして乳を見てもいいか」

「は、はい、い、いいですけど」

仕方なくそう答えると、玄太がブラをそっとはずしました。手先が不器用なのかホックがなかなかはずれなかったのですが、やっとはずれて当時はDカップあったおっぱいがこぼれ出ると、五人は、おおおおおっと声を揃えました。

「すごいな、都会の女の乳は、やっぱり違うな」

「ああ、光り輝いてるな」

光り輝いてなんかいませんでしたが、みんな舞い上がっていました。下半身のときは、もっとたいへんでした。玄太が震える手でパンツをおろすと、みんな真剣な目でアソコに注目しました。

「おおお、ありがたいことだ」

「すごい、これが大阪の女のアソコか」

みんな手を合わせて拝む勢いです。

ともかくいちばんクジを引いた玄太が私の胸にむしゃぶりついてきました。本人は優しくやってるつもりかもしれませんが、なんといっても、ふだんは海で網を引いてる男です。男性経験の少ない私にしてみれば、かなり荒々しい手つきで愛撫されて、思わず、痛っと叫んでしまいました。すると玄太だけでなく、みんながあわてふためき、大騒ぎになりました。

「大丈夫ですか!?」

「おい、手荒なことするな」

「大切に扱え、なんせ都会から来たお嬢様だから」

「乳っていうのは、もっとそっとさわるもんだぞ」

みんなのうろたえぶりに、私は思わず笑ってしまいました。きっと手荒なことをされる、もしかしたら集団レイプみたいなことになるかもしれないとビクビクしていた私は拍子抜けしました。そして、それからはなんとなく落ちついて楽しむ余裕が出てきました。そのうちにその愛撫にだんだん感じてきてしまい、乳首が恥ずかしいくらいにとがっているのに気がつきました。

玄太は、その乳首を口に入れて赤ん坊のように吸いはじめました。とたんに、体の中で何かが弾けました。

だんだん声をあげはじめた私を見ながら、ほかの四人がフンドシをほどきました。

そのときの光景をよく覚えています。みんなのアレは激しくそそり立っていました。四人とも私の顔や体をのぞき込み、ハアハアいいながらそれをしごき上げています。二十歳の私にとって異常な光景でしたが、でも少しずつ興奮してきたのも事実です。

「玄太、アソコをもっとよく見せてくれよ」

玄太が私の足を広げて、みんなによく見せました。あまり陰毛が濃くないので、割れ目がはっきり見えているはずでちょっと恥ずかしかったのですが、五人は、ほおっと感心するように吐息を洩らしました。なんでもすぐに感心して、おおおっとどよめく人たちです。

「きれいだなあ」

「さすが都会の女は違うなあ」

卑猥な言葉を口にしながらあそこをほめられて、私は気がつくとジュンジュンしてしまって、トロッとオツユが垂れてくるのがわかりました。いつの間にかみんなイチモツをしごき上げていて、しかもその手の動きが速くなっていました。なんかすごく異常な雰囲気になってきました。

みんなにせかされて玄太はそこにも顔を埋めてきて舐めはじめました。少しずつ体から力が抜けて、そのうち玄太の舌の動きにクリトリスが反応してジンジンしてきました。なんだか頭も朦朧としてきて、つい、喘ぎ声を洩らしてしまいました。

「おお、感じてるぞ」

「すごいなあ、都会の女は感度がいいんだな」

「もう我慢できねえ」

だれかのひと言がきっかけになり、玄太以外の男たちも私の体に手を伸ばしてきました。キスされたり、乳房をもまれたりして、え、なにこれ、私どうなるのと思っていると、だれかのイチモツが口に入ってきました。いまでも覚えていますが、カリの張ったかなり大きな男性器でした。しかも興奮しているのか喉の奥まで突っ込んできて、息が詰まりそうです。

「たまんねえ、口の中あったかくて気持ちいいぞ」

思わず私も舌を動かして、そのイチモツを味わいました。

玄太はアソコを夢中で舐め回し、クリトリスを吸いながら、指で穴の奥をかき回しています。乳房をもんだり舐めたりしている男もいます。

下半身から快感がせり上がってきて、同時に口には大きなモノを出し入れされて、もうグチャグチャでした。しかも、そんな私を見ながら横でオナってる男もいます。

これじゃあただの乱交パーティじゃないの。そう思ったのですが、でも、はっきりいって私も気持ちが昂って本気で感じていました。

「あとがつかえてるから、玄太、早くしろよ」

「そうだよ、あんただって、もう欲しくてたまらないだろう」

「え？　いや、その」

いきなり聞かれて困ってしまいましたが、でも確かにそこまでいくと、早くアソコを大きな男性のアレでふさいでほしくなっていました。

「わかってるって」

玄太は自分のモノをつかんで私に入ってこようとしました。

「いいなあ、こんな都会のお嬢さんに真っ先に突っ込むなんてなあ」

「お前、今日のために三日前からセンズリ我慢してたんだって？」

「ああ、精液いっぱい溜まってる」

「待て待て、精液を仕込むのは結婚が決まってからだろうが」

笑いながら卑猥な言葉で下品なことを言い合う男たちは、無邪気そのものでした。さっきまでの儀式の厳《おごそ》かな雰囲気はどこにもありません。これが田舎なんだろうかと思いました。

いよいよ挿入という段になると、ほかの四人が私の下半身をのぞき込みました。なんだか露出プレイというか、見られて興奮する変態になった気分でしたが、五人は真剣な顔をしていました。

ああ、そうか、この人たちは自分のお嫁さんを決めるだけではなくて、村の運命と発展を担ってる大切な儀式としてセックスをするんだな。そう自分に言い聞かせて少しでもまじめな気持ちになろうとしたのですが、でももうびっしょりになっているアソコに挿入される、しかもそれを、イチモツを硬く勃起させた四人が見ていると思うと、なんだかへんに昂ってしまいました。

「じゃあ、いくぞ」

玄太がそう言った瞬間、アソコが大きく広げられる感覚があって、太いモノが押し入ってきました。ほかの四人が、おおおお、すげーなどと言いながら激しくしごき上げています。なんかすごい。二十歳の私には強烈でした。

「どうだ、どんな感じだ？」

「おお、締まるぞ、たまらんぞ、都会の女は締まりがいいぞ」

玄太はわけのわからないことを言いながら腰を動かしはじめました。

「こんなんでいいか？　痛くないか？」

「大丈夫です、痛くありません」

おおお、と四人が、またどよめきます。

「よかったら、少しずつ速くしてください」

こんなことでも感心する四人がおもしろくて笑いそうになったのですが、でも玄太の動きが少しずつ速くなるにつれて、すごく気持ちよくなってきました。そして私が声をあげればあげるほど、ほかの四人もみんな興奮して真剣にしごいてるから、まるで五人全員とセックスしてる気分でした。

「どうだ、アソコの具合は、いいか？」

「ああ、キュンキュン締めてくる。さすがだな。こんなの初めてだ」

「そうかあ」

私のほうも玄太の腰の動きにまかせてすっかり感じていました。するとだれかが私の手を取って、自分のペニスを握らせました。気がつくと、もう片方の手にも持たされていました。そして別の男は口の中にペニスを入れてきました。残った一人は、ずっと自分でこすり上げていました。そんなの生まれて初めての経験です。もう頭がボーっとして何も考えられなくなり、ただもう舌と両手を動かしていました。

ほんとうは私が婿を選ぶための儀式なのですが、気がついたら、私の体に五人の男が群がって性欲を満たしていました。

これまでもずっとそうだったのでしょう。閉鎖的な村に外の世界から花嫁を迎えて、共同体になじませるために、まずは村の将来を担う大切な若者たちにその体を楽しんでもらう。そんなことから生まれた儀式なのかもしれません。いまとなったら、なんとなくそのことがわかります。

「だめだ、もう出そうだ」

そのうち玄太が、切羽詰まった声をあげました。

「おい、出すなよ」

「結婚する前に孕ませたらえらいことになるぞ」

玄太はいまにもイキそうな声でしたが、みんなに言われて体を離しました。

「よし、じゃあ、次」

「おれだ」

二番目は龍平でした。といっても、そのときは名前などわかりません。いまだからこそわかるのです。龍平はたったいままで、わきでオナニーしていた男です。自分の番がくるまでそなえていたのでしょう。

玄太と場所を入れ替わると、イチモツをあてがい、そして押し入ってきました。

玄太とは全然違う感じでした。玄太のはまっすぐで素直なイチモツでしたが、龍平のはカリが太いのか、最初に一気にアソコを広げられる感じがありました。中に入ってからも、そのカリの部分で内側を刺激されて、気持ちよさが体の奥のほうに溜まっていく感じです。

「ああ、すげえ、都会の女はよく濡れるし、中も気持ちいいぞお」

龍平は大きな声をあげながら、ズンズン動いてきました。

私は相変わらず口と両手でほかの男を刺激しながら、龍平のピストンを受け止めていました。そして今度は玄太が挿入部分をのぞき込みながらしごいています。

そんなふうにして、五人はかわるがわる私の体に挿入してきました。といっても、けっして乱暴な感じはなくて、順番を守り、言い争ったりしません。いかにも儀式という感じでした。

ただ、いろいろとセックスの好みはあるみたいです。三番目の丹治は、バックから挿入するのが好きだといって四つん這いで入れられました。みんなにアナルまで見られて恥ずかしかったのですが、

「尻の穴もきれいだなあ」

「そのうち、こっちの穴も使えるようになるんじゃないか」

などと言われて興奮してしまいました。

バックから突かれると、それまでとは違う場所を刺激されて、また新しい喘ぎ声をあげてしまいました。最初のうちはあんなにおびえていたのに、三人目ともなると、それぞれのイチモツの形や、アソコの中のどこを刺激してくるかなどをしっかり確かめている私がいました。なんだかそのひと晩で、セックスについてすっかり開花してしまった気がします。

四人目の勘九郎は女性上位が好きだというので、私が上になりました。じつは私はその体位でするのは初めてでした。うまくできるか自信がなかったのですが、上に跨って挿入してみると、勘九郎のイチモツの先端が奥を突き上げてきて、全身に電気が走るような快感がありました。全然想像していなかった気持ちよさに、なんだか完全に理性が切れてしまいました。

両側に立った二人の男のイチモツをこすり上げる手にも、つい力が入ります。

「すげえなあ、この人、やっぱかなりのスキモノだなあ」

「何をやらされても、絶対にイチモツを手放さないもんなあ」

あなたたちがそうしてるからでしょう、と思いながらも、すっかり五人のモノを楽しんでいた私です。自分がじつはとても淫乱な女だと気がつきました。私は上の口と下の口はもちろん、両手でもイチモツをしごき、全身で男たちを相手にしていたのです。そして、ようやく最後の男、万蔵の番になりました。

再び正常位になると、私は万蔵を受け入れました。顔は五人の中でいちばんの不細工だと思いましたが、万蔵に挿入されたとき、なんだかいちばんしっくり合うような気がしました。ピストンが始まると、ますますいい感じになってきました。それまでも十分に感じていた私ですが、でも万蔵のイチモツで一気に快感が広がるのがわかりました。

自分でも恥ずかしいくらいに喘ぎ声をあげはじめた私を見てあとの四人は、すげえ、本気でよがってるぜ、などと声をあげ、激しくしごき上げました。

五人の男たちのペニスをたっぷり味わった私は、こうして最後の万蔵に突かれながら、最後の瞬間を迎えました。私がイクと同時に、五人の男たちも男らしいうめき声をあげ、そしてついに私の顔や体に、濃厚な男の精を勢いよく発射したのです。

終わってからも五人はとても礼儀正しくて、私を大切に扱い、汚れた体をきれいにふき清めてくれました。セックスももちろん満足したのですが、そんなふうに五人の男にお姫様のようにされたことで、心もすっかり満足した私は、この村に一生骨を埋める覚悟をしていました。

儀式のあと、五人の中から婿を選ぶように言われましたが、正直、難しい選択でした。みんないい人たちだし、イチモツも立派でした。でも長老から、なんとかして一人選ぶように言われて、最後に交わった万蔵を選びました。やっぱりアソコの相性がいちばんいいように思えたからです。

ほかの四人は残念がりましたが、でも仲たがいするようなことはなく、翌日あらためて、正式な祝言《しゅうげん》が執り行われたのです。

ここ数年は人権意識の高まりのせいで、この儀式もだんだん形式だけのものになり、私のような経験をする女性はいません。それでもその精神は受け継がれているようで、いまもこの村の人たちはみんな仲よしです。離婚する夫婦などまったくいません。恋愛や性に対しておおらかで、気持ちのいい漁村です。

いまでは、ここに嫁いできてほんとうによかったと思っています。あの日いっしょに楽しんだ万蔵以外の四人とは、いまでもいい友だちです。この話を、どうにかして書き残しておきたいと思い、六十歳になったのを機に、こうしてしたためてみました。

落武者伝説が残る孤島に隠された禁忌 子種を求め男のペニスを咥え込む牝たち

大崎幸男　会社員・五十歳

大学生の娘にウザがられている中堅サラリーマンです。たいした人生を刻んでいませんが、大学生のころに一度だけ、映画のような経験をしました。

三十年あまり前、平成が始まって間もなくのころです。

当時私は大学の社会学部にいました。限界集落や貧村の人口調節について研究していたのですが、その夏、瀬戸内海の島々を巡ってみないかという話になりました。四年生の先輩が二級船舶の免許とボートを持っていたので、兵庫県のおしゃれな港から私たちは出港しました。

当時はバブル経済のど真ん中、社会全体が自信に溢れていた時代でした。

「最初に行くのはこの島だ。上級武士の一族が落ち延びて、息をひそめたまま現代まで家系が続いているんだ」

リーダーで船を出した四年生の先輩が、地図を示して言いました。

メンバーは四人です。四年生のその先輩と一年の私、二年の先輩が二人です。

「男はちょんまげしてて、女の人も着物着てて時代劇みたいな頭してるのかな」

二年生の先輩が言いました。

「腕時計見せたらびっくりするかな」

「夜這い文化とか残ってたりして」

私も含め、みんな無責任でずいぶん差別的なことを話していたような気がします。

しかし、その一部は当たっていたのです。

接舷《せつげん》したのは、いまにも崩れそうな桟橋《さんばし》でした。

貧相な男性が近くにいて、私たちをいぶかしそうに見つめていました。

もちろん着物などではなく、着古した洋装です。

「突然すみません。ぼくたちは○○大学の社会部の学生です。研究の一環で瀬戸内海の島々を調べています。よかったらちょっとお話をうかがいたいのですが……」

四年生の先輩が如才《じょさい》なく挨拶しました。

怪しげに見つめていた島民の目が大きく見開かれたのを覚えています。

「この島に、遊びにきただか！」

「いえ、その……」

その島民は怒ったわけではありませんでした。喜んでいたのです。

「ちょっと待ってろ！　村長さんを呼んでくる」

なんだか大事になりそうな気がしましたが、歓迎されそうだというのはわかりました。

それから一夜明けるまでは、夢のような時間でした。村長の家は非常に大きく、そこで村人全員が来たのではないかというほどの大勢の歓待を受けたのです。盆と正月が一度にやってきて、そこに結婚式が重なったような騒ぎでした。

「どうぞ」

村の娘さんが、私にお酒を注ぎにきてくれました。

当時私は満十九歳でしたが、このころはまだ社会的にもお酒のモラルが緩く、そもそも断れる雰囲気ではありませんでした。

「ありがとうございます。すごい歓迎ぶりで、恐縮しちゃいますよ」

「ここはお客さんが少ないから、みんな興奮気味なの。許してください」

娘さんは村長さんのお孫さんでした。ベージュの襟つきのブラウスに、膝丈のチェックのスカートで、七十年代のような古くさいコーディネートでした。

見るとほかの三人のメンバーも、若い女性にお酒を注がれ、いい気になって飲んでいました。

機嫌のいい年配者たちのだみ声に交じり、小さな子どもの甲高い声や金切声も飛んでいました。一歳から五歳ぐらいの、十人ぐらいの子どもも混じっていたのです。

佐野民子《さのたみこ》、と村長のお孫さんは名乗りました。正直、その当時でも古い名前だな、と思ったのを覚えています。

薄いブラウスはところどころほつれていました。もしかするとお母さんのおさがりかもしれない、などと思いました。そして白いブラジャーがはっきり透けており、ほつれから白いストラップが一部見えていました。

民子さんにもお酒を注ぎ、私たちは次第に出来上がっていきました。

「民子さん、きれいなおみ足が丸見えですよ」

私は回らない舌で、言わなくてもいい注意をしました。

民子さんはいわゆる女座りをしていましたが、スカートがだらしなくめくれ上がり、形のいい白いふとももの大半が見えていたのです。

「ごめんなさい。私、酔っぱらっちゃって」

民子さんも不明瞭な発声で言い、私の肩に体を預けてくる始末でした。

周囲を見ると、大学のほかの三人も顔を真っ赤にして酔っており、それぞれお酌をしてくれる若い女性たちの肩に手を回したり「チューするぞー」などと言っていました。いまでは考えられませんが、当時はまだセクハラという概念もなく、女性は楚々とお酌に回り、お酒の席は無礼講、という社会風潮だったのです。

十九歳の私はまだ童貞でした。

二十歳の誕生日を迎えるまでに初体験をすませておきたいと、ふだんからあせっていた私は、お酒の勢いと非日常的な雰囲気で、民子さんに淫らな下心を抱いていました。

「空気が悪いですね。ちょっと夜風に当たりにいきませんか？」

民子さんが私の耳元でささやくように言いました。

お酒とは関係なしに心臓がバクバクしていました。いま思うとかわいいものです。

「久しぶりにおいしい食事とお酒にありつけたんで、胃袋がびっくりしてますよ。空気は清涼だし、みんないい人たちだし、すてきなところだなあ」

東京では見られない満天の星空を見上げて私は言いました。

「旅行ならいいところかもしれません。でも住むとなると……私は大崎《おおさき》さんたちがうらやましいわ」

民子さんは表情を曇らせてうつむきました。星の光を受けて、民子さんの美しい顔が仄青《ほのあお》く幻想的に光っていました。

「今度、東京へ来てください。案内しますよ」

有名なディスコやウォーターフロント、カフェバーの名前を私は挙げました。

民子さんはうらやましそうに目を細めましたが、やはり表情は晴れませんでした。

非常な勇気を払い、私は民子さんの肩を抱きました。薄氷を踏む思いとはこんな気持ちだと痛感しました。

女性の肩とはこんなに小さく、華奢なのだと知りました。

民子さんは抵抗せず、言葉も発しなかったので、勢い余って私は正面から抱きつきました。薄いブラウスを通して、民子さんの高めの体温が伝わってきました。

「民子さん」

「大崎さん……」

昭和の恋愛コメディのようだったかもしれません。私たちはキスしました。

初セックスできる絶好のチャンスかもしれない、そう思うと、静謐《せいひつ》な夜風の中で、私は頭の中で忙しくシミュレーションしていました。

この場でするのは野趣があるが危険も多い。風邪もひく。でも屋敷に戻るとみんなの目をごまかすのが難しい。どこか使っていない安全な納戸かなにかないか。

「戻りましょう、大崎さん」

唐突に民子さんが唇を離し、屋敷に向けて歩きだしました。私ははっきりと失望を顔に浮かべていたでしょう。

「戻ったらお風呂をどうぞ。用意ができています」

振り返って言う民子さんの言葉に驚きました。

「だけど、お家の方もまだでしょう？　ぼくらが先にというのはちょっと……」

民子さんは小首をかしげてクスリと笑いました。昭和のモノクロドラマのようでしたがちょっとかわいかったのを覚えています。

「うち、お風呂が四つあるのよ。お手洗いは六つ。大崎さんたちは大事なゲストですから、先に入っていただかないと」

ゲストという言葉を使ったのが印象に残っています。

「古いけれど客人用の寝具もあります。着ているものは、明日の午前中にはお洗濯をすませますわ」

旅館のコンパニオンみたいな口調で民子さんは言いました。

今晩ここで泊っていくというのが前提になっていることに、ちょっと引っかかりを覚えましたが、疲れた体にお風呂の申し出はありがたく、それ以上は考えませんでした。

お風呂は都心のワンルームマンションでは考えられないスケールのもので、総ヒノキでした。木の香りが心地よく、ぜいたくな気分にひたれました。

「失礼します」

五十五年を振り返っても、人生でもっとも驚いた瞬間でした。

胸からふとももにかけてを白いバスタオルで包んだ民子さんが、お風呂に入ってきたのです。頭には髪留めの白いタオルを乗せていました。

「たっ、民子さんっ！　ちょっ……」

広い浴室に、むだに劇的なエコーがかかったのを耳が覚えています。

「お背中を流します。そのまま座っててください」

「しっ、しかしっ、いくらなんでもっ！」

パニックが収まらない私は、どもりながら声をあげていました。

「お風呂は大声を出すところじゃありません。くつろぐところですよ」

ちょっとからかうようなニュアンスに、肩から力が抜けました。

ソープランドって、こんな感じなのかなと思いました。風俗の経験もなかった私は、

二十歳の誕生日の前日までに童貞を卒業できなければ、プロのお姉さんにお任せしよ

うと考えていたのです。

白いヒノキのバスチェアに腰かけ、背中を丸めた私を、民子さんは石鹸を浸したタオルでこすってくれました。

「すみません、私も不慣れなもので……立ってこちらを向いていただけませんか？」

私は喉を鳴らし、率直に言いました。

「あの、とんでもないところも、見せてしまいますけど？」

後ろでまた民子さんがクスっと笑う声が聞こえました。

「お客様が遠慮してはヘンです。もっと堂々としてください」

童貞喪失のとき、女性からこんな情けない言葉をかけられるものだろうかと思いました。

開き直って立ち上がりました。十九歳のペニスは充血していたのですが、緊張と驚きで、ほぼ水平ぐらいの角度になっていました。

民子さんは特にペニスに注意を払うでもなく、私を見上げる格好で肩からていねいに洗ってくれました。ですが上半身を洗うなど、時間にすればすぐです。

「ここも洗います。ちょっと足を広げてください。肩幅ぐらい」

深く意識しないようにして、私は言われたままにしました。

「あううっ……！」

「あ、痛かったですか？」

ソープを満たしたタオルでペニスにふれられたとき、私は声をあげてしまいました。

その声に女性のほうを驚かせたのですから、滑稽《こっけい》の極みでしょう。

「いえ、ちょっとびっくりして……」

うつむいて表情は見えませんでしたが、民子さんは少し笑っていたように思います。

「うふ、私にないものですから……やさしく洗いますね」

文字どおり腫物にふれるように、民子さんは私のペニスをていねいに洗ってくれました。

タオルで軽くペニスをこすってくれるのですが、包むようにそっと手を添えてくれるのです。水平だったペニスは、浅ましく角度を上げ、すぐに九十度近くになりました。玉袋も、それはそれはていねいに優しく洗ってくれました。

お風呂でこんなに緊張したのは初めてでした。立っていて膝がガクガク震えていました。腹筋にむだに力が入り、うめきが洩れないように息もとめていたぐらいです。

「もう少し足を開いてください。お尻も洗います」

「そんなとこ、いいですよ……」

「うふふ、遠慮なさらずに」

そのとき私は、なんとなくわかったことがありました。

宴会でお酒を飲んでいて、酔ってだらしなくなった民子さんのふとももが見えましたが、民子さんはけっして酔ってなどいなかったのです。あれ以降、民子さんの言葉と動きはしっかりしたものでした。私をその気にさせる目的で酔ったフリをしていたとしか考えられませんでした。

桶を使い、肩から石鹸を流してくれました。

民子さんを包む白いバスタオルは、脇でキュッと締められていました。

私はまた勇気を奮い、結び目にそっと手を伸ばしました。

「あっ、ダメです……」

民子さんははっきりと私の手を拒みました。

民子さんは客人に過分なサービスをしているだけで、本人は性的な意図はないのかもしれないと初めて思いました。キスまでしてくれたけど、童貞喪失のチャンスは自分の勝手な勘違いかもしれないと。内心でずいぶんがっかりしたものです。

「さあ、ゆっくりおつかりになってください。お布団は二階の階段を上がって奥の部屋に敷いてあります」

どこか事務的に言うと、「では」と民子さんは浴室を出ていってしまいました。

おいしい食事と十分なサービス、船でこの島に着くまでは考えもしなかった歓迎を受けたのです。失望して後ろ向きに考えてはもったいないし、ここの人たちに失礼だと思うようにしました。

浴衣も肌着も、洗濯はしてありましたが新品ではなく、使い古したものでした。いくぶんの抵抗を覚えつつ身に着け、民子さんに言われた部屋に向かいました。広くて暗い屋敷は静まり返っていました。民子さんとこっそり宴会を抜けてからずいぶん時間がたっていたようでした。

部屋は六畳の畳の間で、文字どおりの生活臭が残っていました。真ん中に四角く布団が敷いてあり、枕元に私のザックが置いてありました。当時の目から見ても、古い昭和の民宿のたたずまいに見えました。

慣れないお酒もあり疲れてもいたのですが、妙な高揚感が残っており、布団に入ってもすぐに寝つけませんでした。

十五分ほどたったころでしょうか、障子に人影が映りました。

息を呑み、全身が総毛立ちましたが、すぐに声が聞こえました。

「大崎さん、よろしいですか……」

静かに障子が開き、白い和装の民子さんが入ってきました。

「えっと、あのぅ……」

私は布団の上で上半身を起こしました。頭は疑問符でいっぱいでした。

民子さんは私の前で正座し、両手をついて頭を下げました。

「どうぞ、よろしくお願いいたします」

「待ってください……うれしいけど、説明してほしいです。ここは、こんなことを仕事にしているところじゃないですよね？」

この状況で、そんな言葉が出てしまいました。

「精液が、欲しいのです」

頭を上げた民子さんは、私の目をまっすぐ見て言いました。

「精液？」

「そうです。妊娠したいのです」

突然の言葉にパニックになりましたが、私の狼狽《ろうばい》を読み取った民子さんは、クスリと笑い、説明してくれました。

「大丈夫です。結婚を求めているわけじゃありません。ご安心ください」

民子さんによると、過疎化が進んだその島は、唯一の小中一貫校の児童が、その年は六人まで減っていました。

島の命題ははっきりしており、とにかく子どもを増やすこと。そのためにはもう手段を選ばなくなっており、島に上陸した男に、受胎可能な娘をあてがい、妊娠させる。男が島にとどまってくれるのはあまり望めないので、とにかく子どもを増やし、島の共有財産としてみんなで育てる……。

「この島は来歴から閉鎖的なところがあって、明石海峡大橋《あかしかいきょうおおはし》や瀬戸大橋《せとおおはし》の中継地とも無縁の場所にあります。誰からも顧《かえり》みられない島なのです。もうどうあっても、自分たちで命をつないでいくしかないのです」

私よりも少し年下ぐらいなのに、村の代表のように決然とした口調でした。

「いいんですか？　ぼくのほうが一方的に得な話にしか聞こえませんけど」

「赤ちゃんの種をもらえるんですから、こちらにも利益があります」

いままでいうところのウィンウィンというところでしょうか。

宴会のときに覚えた違和感の正体に気づきました。年配者と若い女性がいましたが、小さな子どもたちの父親らしい男性がまったくいなかったのです。

民子さんはあらためて頭を下げ、立ち上がりました。

そうして白い浴衣をゆっくりと脱ぎました。浴衣の下にはなにも身に着けていませんでした。堂々とした脱ぎっぷりで、童貞の私のほうが目を逸らすありさまでした。

「失礼します」

と言って民子さんは布団の中に入ってきました。想像していた初体験とはずいぶん雰囲気が違うな、とチラリと思いました。

小さくて丸い民子さんの肩を両手でふれると、私の頭からは疑問も不安も吹き飛んでしまいました。童貞喪失をあせるただのがっついた十九歳の男でした。

「ああ、民子さん!」

私は布団の中でそそくさと浴衣を脱ぎました。

「あの、あせらなくても、私はどこにも逃げません」

民子さんは笑いながら、どこかあきれた表情で言いました。

二人とも全裸になってから、私たちは抱き合いました。

キスをし、強く民子さんの唇を吸いました。頬を舐め、耳の穴を舌でほじくり、細くて熱い首筋を舐めまくりました。

「ああん……大崎さん、激しい……」

乳房をべろべろに舐めているとき、民子さんは声をあげました。挿入していないのにこんな言葉が出るとは、よほど浅ましくむさぼっていたのでしょう。

私は体をズルズルと下げ、民子さんの両足を広げさせました。オレンジ色の豆電球だけのとぼしい照明でしたが、恥毛は薄く、開きかけた性器がペトリと濡れているのがわかりました。

「あうっ……いけません、大崎さん、そこは……お口にするところじゃありません」

性器に口をふれさせると、民子さんは顎を出して非難の声をあげました。

「民子さんのオマ○コ、おいしい……」

自慰をするとき、いつも頭に浮かべていたセリフが口をついて出ていました。

「あん、なにがおいしいですか……いけませんったら」

もぞもぞと体を動かし、消極的に民子さんは私の口から性器を逃がそうとしていました。

民子さんの蜜液は生ぬるく、かすかな塩味があるだけで特に味らしい味はありませんでした。ただ、女性の性器に口をつけ、淫ら汁をすするという、その行為自体に私は昂っていたのです。

鼻の頭まで淫ら汁で濡らしつつ、私はまた体を上げていきました。

「イヤな人……恥ずかしくて死にそう」

「アソコを舐められたのは初めてですか？」

私は違和感を覚え、聞きました。

「……初めてです。私は男の人によく……しますけど」

そう言って民子さんは顔を逸らしました。フェラチオはするが、クンニリングスはしてもらったことがないということでしょう。

民子さんはまたクスリと笑い、あおむけに寝て少し脚を広げました。

「どうぞ……いらしてください」

私は膝立ちになり、そそくさとペニスの根元にふれて照準を下げました。

「あの、落ち着いて……ゆっくりやさしくお願いしますね」

とまどうような民子さんの声にひどくバツが悪かったのを覚えています。童貞男があせっているのが丸わかりだったのでしょう。

「民子さん、いきます」

開いた膣に、ペニスの先を当てました。心の余裕はありませんでしたが、民子さんの視線を意識していたので、欲望に任せて乱暴に突き刺すことはせずにすみました。

「ああ、あああ……大崎さんのが、来てます」

民子さんは目を閉じ、眉根を寄せ、それでも口元だけは笑っていました。

これが、女性の膣の感触か、これがセックスなのか。挿入を続けながら、私はそんなふうに思っていました。自慰とはまったく異なる感触に、無意識に歯まで食いしばっていました。

ズン、とペニスの先が民子さんの奥を突きました。民子さんは「んんっ」と喉声で短くうめき、顎を出しました。

「そう、それで、ゆっくり……動いてください」

そんなことまで指南されている情けなさにちょっと苦笑しつつ、私はビデオで見たことしかなかったピストン運動を始めました。

「あああ、大崎さん、おじょうずですわ……」

お世辞なのはわかりきっていましたが、悪い気はしませんでした。それよりもペニスが受ける刺激に心が奪われていました。

オナニーとは違う。オナニーとは違う。オナニーとは違う。それればかり頭に浮かんでいたのです。もう昨日には戻れない最高の気分でした。

喘ぐ民子さんの声と揺れる乳房が、男の征服感を満たしていました。ですがそんな男性優位の気持ちは長くは続きませんでした。

「大崎さん、今度は後ろから……しましょうか」

自分からペニスを抜くと、民子さんはうつぶせになり、お尻を突き上げました。

「どうぞ……」

童貞だと見抜かれたうえで、民子さん優位でコトが進んでいました。

それでも、風俗で童貞を散らすヤツよりぼくのほうが上だ、私はそんな優越感にしがみついていました。白いお尻は逆さ向きのハートのように見えました。いわゆるハメ撮りで見た映像と同じ角度です。

民子さんの腰をしっかりとり、薄暗い中で目を細めて、膣に挿入しました。

「ああっ！　すてきっ、すてきですっ、大崎さんっ！」

「んああっ、民子さんっ！　ぼくも、気持ちいいっ、あああっ！」

ほどなく、人生初めてのピストン運動は最速になり、ほとんど振動に近い速さになりました。

そして自慰ではありえない早さで、射精の瞬間が訪れました。

「ああっ、でっ、出ますっ！」

「あああああっ、来てるわっ！　大崎さんの、熱いのがっ！　あああああっ！」

猛烈なピストン運動をゆるめないまま、私は思いの丈を民子さんの中に打ち放ちました。中学生のときに自慰を覚えて以来、最高の射精でした。

「あ……ありがとう、民子さん。すごく、気持ちよかった……」

どさりと布団に倒れ込むと、私は息を弾ませて言いました。

「お礼を言うのは私です。赤ちゃんができたかどうかはわからないけど……うふ、でも今日、いわゆる危険日なの。きっと授かってるわ」

初めての性交が、普通の恋愛感情に基づかないことに少し引っかかりを覚えましたが、満足感が減じることはありませんでした。

翌日午後、私たちはその島を発ちました。

ほかの三人も似たような経験をしたようです。


あれから三十年あまりたち、この手記を投稿しようと思ったのは、テレビのあるニュース番組を見たからです。

瀬戸内海の過疎島から、島民が全員、本土の保護施設に移ることが決まったという報道です。

テレビに映った代表者の男性は三十歳ぐらいで、私にそっくりだったのです。

嫁不足の限界集落に古くから伝わる風習スワッピングで完全絶頂を味わう若妻

加藤絵理香　農業・二十七歳

東京育ちの私が、過疎化の進んだこの農村に嫁いできたのは二年前でした。

大学を卒業したあと、パートや正社員でいくつか仕事をしましたが、いずれも長続きせず、いつも両親や兄に叱られていました。

自分だってそんな不安定さから逃れたかったし、何か、これだと思えるものを見つけてがんばりたいという気持ちはありました。

そんなとき、「農村で嫁募集！」という広告をネットで見つけて心が動いたのです。のんびりとした田舎暮らしにあこがれていたわけでも、やけくそになっていたわけでもありません。二十五歳で世間知らずだった私は、純粋に、これが最適解ではないかと確信してしまったのです。

都会での浅い人間関係に嫌気が差していたし、その中から将来のパートナーを見つける気にもなりませんでした。

その後、資料を集めたり、交流会に参加したりするうちに、決心はますます固いものとなっていきました。

そのことを告げると、両親と兄は怒り、思いとどまるよう説得してきました。

そんなところへお嫁に行ったら奴隷のようにこき使われるかもしれないとか、二度と里帰りさせてもらえないかもしれない、などと心配ごとばかり並べていました。

今度こそ自分の居場所を見つけるのだと意気込んでいた私は、そんな反対を押し切ってこの村に嫁いできました。

来てみたら、両親が心配していたようなことはまったくありませんでした。それどころか、近所の人たちまで「都会から若い嫁が来た！」と大歓迎してくれたのです。

夫は男ばかり四人兄弟の長男で、二十九歳でした。三人の弟たちはみな、職を求めて村を出ていました。

夫からも義両親からも優しくされて、まるでお姫様みたいな扱いを受けたのにはびっくりしました。

「みんなから『かわいらしい嫁さんが来てええのう』ってうらやましがられるんよ」

義父は、自慢の嫁だとうれしそうに言いました。

野良仕事なんて無理にしなくていいとまで言われましたが、いままで、人から必要とされる実感を持ったことがなかった私は、うれしくて、積極的に農業の手伝いを始めました。

土などふれたこともなかったのに、畑の耕し方から鎌の使い方まで一から教わりました。いまではトラクターも操れます。毎日が新鮮で楽しくて仕方ありませんでした。

距離の離れた村人が、評判を聞きつけて見にくることもたびたびありました。

すべてが順風満帆《じゅんぷうまんぱん》でした。

あとは、元気な子どもが生まれれば、夫も義両親も大喜びして安心してくれるに違いない、そう思って夫婦の営みも、毎晩のようにがんばっていました。

夫とは体の相性もよく、私は日に日に性欲が強くなるのを感じていました。

田舎で暮らすと、むだなものが削《そ》ぎ落とされて本能が呼び覚まされていくようです。

遊びにいくところもないのですから、時間もたっぷりあります。

ようやく一皮剝けた女になれた気がしていました。

そんなある日、義両親から、話があると呼ばれました。

秋の収穫を終えてひと息ついているときでした。

茶の間に行ってみると、義両親の傍らには夫もいました。神妙な面持ちでうつむいていたので、何の話だろうと身構えました。

三人ともなかなか口を開かず、それを見かねて最初に話しはじめたのは義母でした。

「この村が、嫁不足なのは知っとるわな？」

はい、とうなずくと、義母は義父に目配せして口ごもってしまいました。

何かよくない話だろうと思いましたが、両親の反対を押し切って故郷を捨ててきた私に、怖いものなどありませんでした。

少しの沈黙のあと、ようやく夫が重い口を開きました。

「話は戦前まで遡るんやけど……昔、戦争不安もあって、新しい子がなかなか生まれなかった。ここも、限界集落になる恐れがあったんや」

話の続きがなんなのか、見当もつきませんでした。夫は何度か義両親に目配せしていましたが、誰も代わってくれないと悟ると続きを話しはじめました。

「ほんで……その、夫婦交換ちゅうのを始めるようになったんや」

衝撃的な言葉は、芝居じみた冗談のようにしか聞こえませんでした。

「そげなことしたら、父親のわからん子が増えて血が濃くなってしまうという心配もあったんやけど、結果、子どもがようさん生まれてきてな。いまもその習慣があるんや」

そこまで聞くと、恐怖心よりも好奇心が勝ってきて、ワクワクしながら続きを待つ自分がいました。

「要するに……配偶者以外とすることに刺激を受けて、夫婦生活を盛り上げるんや」

ドキドキしながら、夫の言葉を頭の中で整理していました。

「つまり、私に、ほかの男とヤれということ？　あなたは、それで平気なの？」

尋ねると、まるでお通夜みたいな顔をして夫が答えました。

「そりゃ悔しいし、おかしな風習やと思う。けど、自分もよその嫁とやるわけやし」

夫も義両親も、村の掟には逆らえないと言いました。

イヤだと言えば、この村から出ていくしかありません。従わぬままとどまれば、それは私だけでなく、この家の人がみんな村八分になることを意味します。

しばらく考えて黙っていましたが、心は決まっていました。正直に言うと、話を聞くうちに、いろいろなことを想像して不思議と体の奥が熱くなっていたのです。

もちろんそんな思いは隠して、渋々というふうにうなずいてみせました。

「……わかりました。この家の嫁として、しっかり務めさせていただきます」

私の言葉に、夫も義両親も安堵《あんど》の表情を浮かべました。

それから一週間が過ぎたころ、夫婦交換をする相手と日取りが決まりました。私が二十代の新妻ということで、申し込みが殺到したと義母が誇らしげに言いました。

「別嬪《べっぴん》さんや言うて、村じゃ評判やけんの。そりゃあ、次々電話が来よるわ」

いざ決まると、怖いようなうれしいような複雑な気持ちになりました。

二組の夫婦が一つの空間で交わる場合もあるそうですが、私が初めてということで、最初はそれぞれの家に相手の嫁を呼ぶ方法がとられました。

四人で交わるのは若い嫁にとって刺激が強すぎるし、中には途中で泣き出したり、怖気づいて夫にすがりついたりしてしまう人もいたからだそうです。

夫婦を無理やり引き離して、別の異性の味を覚えこませるという作戦でした。

約束の前夜、夫は私の布団に入ってきて、いつもより長く激しい愛撫をしてきました。嫁を敵地に送り出す前に、マーキングをしているかのようでした。

乳首が赤くなるほど吸いつかれ、クンニで何度もイカされました。

当日、久しぶりにヒラヒラしたブラウスやスカートを着て、お化粧もしてみました。やっぱり、どうせだったら気に入られたいし、きれいだと言われたいと思うのは女の性です。

鏡に映った自分に、都会にいたころのなつかしさを覚えました。

見知らぬ男に体を差し出さなければならないというのに、まるでデートにでも出かけるような気分になったのです。

この村の、のんびりとした暮らしを気に入ってはいましたが、やはり心のどこかには、人との出会いや刺激を求める欲求もあったようです。

義母から渡された避妊具をバックに忍ばせ、暗くなるのを待ってから義父の運転する車に乗って相手方の家を訪ねました。

あとで知ったのですが、夫はその様子を二階の窓から見守っていたそうです。

義父は、訪問先で私をおろしたあとに、相手の嫁を乗せて家に戻ると言いました。運転手役は、新入りの嫁の家族がすると決められているのです。

相手は奥さんが三十代、ご主人が四十代の夫婦で、子どもは女の子一人しかおらず、跡取りが欲しくてあせっているとのことでした。

夫婦交換の目的からすると、そのような倦怠期《けんたいき》を迎えつつある熟年夫婦と、新婚ほやほやの若い夫婦を組み合わせるのはうなずけました。

相手の家に到着すると、玄関先で待ち構えている奥さんの姿がありました。家が離れているので顔を合わせたことはありませんでしたが、ふっくらとした頬が印象的な和風美人でした。

私が車を降りると、家の奥からご主人の正樹《まさき》さんが出てきて、こちらに駆け寄ってきました。

気のよさそうな笑顔は、お嫁に来たときの祝いの席で、見かけたような気がしました。田舎の男らしく、がっちりとした体つきで、どこか熊を思わせる風貌でした。

「どうぞ、どうぞ。待っとりました」

正樹さんは、慣れた様子でそう言うと、私の手を引いてくれました。

奥さんは、どんな気持ちでその光景を眺めているのだろうかと気になりました。玄関に入るとき、すれ違いざまに軽く会釈をして通り過ぎました。

実はもう、そこから夫婦交換の心理的効果は生まれていたのです。

私の中にも、じりじりとした嫉妬が芽生えてきていました。夫が、自分よりもふくよかなその女性に愛撫する姿や、その上で腰を振る姿が頭に浮かんでしまったのです。とんでもないことが始まる……けれど、いまさら引き返せないと奮い立たせました。

正樹さんに連れられて、寝室に行きました。

まるで旅館のようにきれいに布団が敷かれていて、脇のテーブルには、お酒やお菓子の乗った盆が置かれていました。

座布団に座ってもじもじしていると、正樹さんがビールを注いでくれました。

彼は、照れくさそうに顔を赤くしながらビールをあおり、私の胸元や脚を見つめてきました。

あたりさわりのない会話をしていると、不意に彼の手が膝の上に伸びてきました。夫とはまるで違う、ごつごつとした毛深い指でした。

どうしても、どうしてもイヤだったら逃げ出せばいい……そう思うと気持ちが楽になりました。

スカートの上から太腿をなで回されると、下腹部がヒクッと疼きました。

東京にいたころから、それほど多くの男性とつきあっていたわけじゃありません。私の経験のほとんどは、現在の夫とのものでした。

見知らぬ男の手が這い回ってくる感触に、一瞬おぞましさを覚えました。

けれど、それに耐えているうちに、陰部がトロッと湿りはじめたのです。

「近くで見ても、別嬪さんやなぁ。あいつはこんな嫁さんもろうて、ええなぁ」

酔いが回ってきた勢いなのか、彼の手は次第に遠慮をなくして胸元へと伸びてきました。

「あん……っ！　待ってください、アァン」

乳房をとらえた指先が、ブラウスをもみくちゃにしながら動き回っていました。

「意外に大きいオッパイやな。へへ。ええわ、ええ体しとるわ」

唇を舐めながら顔を寄せてきた彼に、押し倒されていました。

シーツの上であおむけになると、容赦なくブラウスのボタンがはずされていきました。電気はこうこうと灯《とも》ったままです。

「いやん、お願い、せめて暗くしてください。恥ずかしい」

想像していたときは、無邪気な好奇心を抱いていましたが、いざとなるとやはり恥ずかしさを覚えました。

「そんなん、もったいない！　きれいな体、じっくり拝ませてや」

身を捩って露になった胸元を隠そうとしましたが、力強くねじ伏せられました。夫との夜のために買ったお気に入りにピンクのブラが、彼の手でむしり取られていきました。

乳房が飛び出すと、彼はその谷間に顔を埋めてきました。はみ出した片方の乳房を指先でもてあそびながら、もう片方の乳房に勢いよくしゃぶりついてきたのです。

「あはぁ、そこぉ……弱いの、いやぁん！　あは、あはっ」

前の晩にさんざん夫にかわいがってもらった乳首が、正樹さんの口の中で、キューッと硬くしこりました。

夫より一回り年上のせいか、男権社会の性質を残す彼の愛撫はとてもガサツでした。チュパチュパと下品な音を立てながら、乳房に唾液を塗りたくるのです。

お姫様のように扱ってくれる夫とはかけ離れていましたが、その愛撫を受けるうちに、体じゅうがムズムズしてきました。

正樹さんは乳房を舐めながら、腰や太腿をまさぐりはじめました。やがて、汗ばんだ手のひらが、ゆっくりとスカートの中に入ってきました。

アソコが濡れているのを知られてしまう恥ずかしさで、太腿をきつく閉じました。

「だめです、そこは、だめなんですっ！　うぁ、ん、くぅ」

閉じた太腿のすき間に強引に手を突っ込んできた正樹さんは、ヌルついた陰部をさわりながら満足そうな笑みを浮かべました。

「おおっ、べっとり濡れてるやん。ええよ、もっと感じてええんやで」

ショーツをずりおろされ、アソコをじかにさわられました。指の腹でクリトリスを圧し潰されると、つま先まで電気が走ったような気持ちよさを覚えました。

「ん！　ぐふっ、うふぅっ、だめ、だめ、アァッ！」

太い指が、割れ目を引き裂きながら、奥へと侵入してきました。

二本くらい入れられていたのかもしれません。中でくねくね動き回って敏感な部分を刺激してきました。

気持ちよさに腰が浮き、どんどん濡れてくるのがわかりました。

「ううんっ、待ってぇ……はぁ、気持ちイイッ。なんで、こんなにイイのぉ！」

いつの間にか自分から脚を広げていました。

目を閉じると、前の晩にイカせてくれた夫の顔が浮かんできました。

夫を愛しているはずなのに、夫の姿が頭に浮かべば浮かぶほど感じてしまいました。

なぜなら、夫も同時にほかの女と抱き合っているのを知っているからです。

私にするみたいに、いまごろクンニで悦ばせているのかしら？　……頭の中に、なまなましい映像が現れました。

「いやよ、いや。頭が変になりそうっ！　アァ、でも、すごく感じちゃう～」

いつの間にか、裸になった正樹さんが、脚の間にもぐりこんでいました。

「どれ、感じてるおめこ、見せてみ。ほぉ！　まだ、きれいな色やな」

指先でクリトリスをつまみながら、舌をこすりつけてきました。分厚くざらついた舌が割れ目を這い回る感触に、腰を揺すっていました。

「くー、若い女はたまらんな！　我慢できん！　そろそろ俺のも舐めてくれるか？」

あと少しで達してしまいそうになったとき、息を荒くした正樹さんは、でんと大の字に寝転がりました。

え？　ととまどっていると、お尻をこっちに向けろと合図を送ってきたのです。

シックスナインは夫ともしたことがありませんでした。大きいお尻がコンプレックスだったので、以前ねだられたときに、断ってしまったのです。

そんな格好はしたことがないと言うと、彼はなおさらいいと喜んで「早よ！」と強引に腰をつかんできました。

恥ずかしかったけれど、刺激が欲しくて、言われるままに顔の上に跨りました。跨ったと同時に、割れ目を舐められました。

顔の前にそびえ立ったペニスは、赤紫に張り詰めていて、ずんぐりと太い幹に血管を浮き上がらせていました。

陰毛の絡みついたペニスを口の中に押し込むと、しょっぱい汗の味がしました。

初めてのシックスナインは思いのほか興奮しました。

頭の中がいやらしいペニスのことでいっぱいになるのです。この太い棒を埋め込んだらどれほど気持ちがいいかしら！　早く入れてほしい！　そんな激しい欲求が体の奥からわいてきました。

「い、イキそうっ……！　むふんっ！　イク、イク、イクーっ」

全身をヒクヒクふるわせながら昇りつめたとき、口の中のペニスもググッツと一回り大きく反り返ってきました。

「もうイッたんか？　いやらしくケツを振って……へへ、まだ足りなそうやな！」

丹念な愛撫で夫に育てられた体は、一度昇りつめると、どんどん感じるようになっていました。催促するようにお尻を振っていると、再び指が入ってきました。

かき混ぜられて喘いでいたとき、突然、正樹さんとは違う声が聞こえてきました。

夫の声でした。

「奥さん、めっちゃスケベやな。たじたじや」

「お前の嫁もえらく感度がいいな！　やっぱり若い女はええで」

なんと正樹さんは、片手にスマホを持って、夫とビデオ通話を始めていたのです。

顔に跨って腰を振る私の陰部を映して、夫に見せていました。

「いやーっ！　やめて、あなた、だめよ、見ないでぇ～」

叫んで顔の上から降りましたが、すでにその姿は夫に実況中継されていたのです。

正樹さんは、私の体を押し倒すと、今度は勢いよくおおいかぶさってきました。

彼も、画面の向こうで奥さんのよがる姿を見せられて鼻息を荒くしたようでした。

私の体とスマホを交互に見つめながら、脚の間に入ってきました。

「嫁はんのおめこ、もう、べっとべとに濡れてるんやで。そろそろ入れちゃる」

夫に語りかけながら、割れ目にペニスを突き立ててきました。自撮り棒までつけて、結合部分と私の顔とを交互に映していました。

やめて、やめて、と首を振っている間に、ぶちゅっ！　と硬いペニスをねじ込まれていました。

「うぉー、きっついなあ！　ぎゅうぎゅう締まってくるぞ。はぁ、気持ちええ」

正樹さんはその声を、夫にも自分の妻にも伝えているのでした。

挿入されて、ものすごく気持ちがいいのに、夫がスマホを見ていると思うと声が出せず、唇を嚙みしめていました。

夫にはシックスナインを断ったくせに、会ったばかりの男には、すぐにしてみせたことを怒っているかもしれない。羽目をはずしすぎたかもなどと気になりましたが、そんな心配は、すぐに払拭《ふっしょく》されました。

スマホのスピーカーから、夫の声に混じって女の人の声が洩れてきたからです。

正樹さんは腰を振り立てながら、私にスマホを見せつけました。

画面の中には、夫と奥さんの姿が映し出されていました。

布団の上に膝立ちになった夫の股間に、奥さんが顔を寄せていました。奥さんは、そびえ立った夫のペニスを握り締めると、うれしそうな顔をしてそこに舌を這わせていきました。

気のせいか、夫のものがいつもより、大きくふくらんでいるように見えました。奥さんが、それを口の中に押し込むと、夫の気持ちよさそうな声が聞こえてきました。

その様子をいっしょに見ていた正樹さんのペニスが、私の中でピクピクと動きました。

「なんやねん、うれしそうな顔しやがって。俺にはいつも、そんな顔見せへんやんか！」

悔しそうに言った正樹さんが、激しく腰を振り立ててきました。

びしょ濡れの割れ目はさらにぱっくり開いて、正樹さんのものを根元まで咥え込んでいきました。

「アァ！　正樹さんの硬い棒で穴の中がパンパンよ、いいところに当たるぅ！」

猛烈なピストンに全身を揺すって喘いでいると、目の前に、再びスマホの画面を向けられました。

夫は膝の上の奥さんを抱え込み、対面座位で挿入しているようでした。ペニスが深いところまで届くその体位は私のお気に入りで、いつも夫にせがむものだったのです。

二人が、激しく唇を合わせる様子が画面に映りました。伸ばした舌をレロレロと絡ませ合っていました。

奥さんは私の夫の名を呼びながら、大きな乳房を揺すって身悶えていました。

「アアッ、オチ〇チンおっきい！　ええわぁ、もっと突いてぇ、気持ちええ」

顔をゆがめて、私の夫にしがみついている奥さんの体は、カメラ越しにも豊満でお色気たっぷりに見えました。私の倍くらいの大きさがある乳房に、夫が顔を埋めて吸いつく様子も映りました。

それを見ていたら、胸をかきむしられるような強烈な嫉妬がわいてきました。その嫉妬を切り裂きたくて、夢中で腰を突き出していました。

正樹さんがスマホを投げ捨て、さらに深く挿入してきました。スピーカーから聞こえてくる奥さんの喘ぎ声を聞きながら、彼のものを締め上げていました。

「正樹さんのオチ〇チンも、硬くてすごいわ！　好きよ、イク、イクッ、アハァ！」

恥骨の上に、正樹さんの精液がドビュッと吐き出されました。

深夜になって、奥さんを車に乗せた夫が迎えにきてくれました。夫は家に帰るなり襲いかかってきて、その日は朝まで何度もイカされました。

数週間後、別の夫婦とやったときには同じ部屋で交わりました。農閑期には申し込みが絶えないのです。すっかりくせになってしまい、次の夫婦を心待ちにしています。

第四章 滾る肉棒を貪り求める渇いた女肉

土地の女たちが我先にと肉体を捧げる幸運男の肉棒がもたらすご利益と悦楽

松本和正　自営業・三十七歳

私の田舎町にいまも残る、変わった風習のお話です。

地元の大きな神社では、毎年正月、参道を男たちが駆け抜け、だれがいちばんに拝殿に着くかを競う神事があります。

一着になった男はその年の「御神使さま」と称され、栄誉とちょっとした賞品、地方紙などにも取り上げられてごく短い間の名声も手にします。

もっとも、その裏に実はもっとものすごい「役得」があることは、地域外の人間にはほとんど知られていません。

この土地の女たちには、「御神使さま」とまぐわうと、一年間たいへんな幸運に恵まれるといまでも信じられているのです。

ひとたび「御神使さま」になろうものなら、「私とヤッて」と求めてくる女たちが引きも切らず、正月からの一年はセックスの相手に不自由しないといいます。

そのとき私は二十二歳。そこそこ知られた大学のラグビー部でレギュラーを張っていたので、脚には自信がありました。現役時代は万が一のケガが怖くて参加を控えていましたが、引退してUターン就職したいまはなんの気兼ねもなく参加できました。

正月、私は狙いどおりトップで拝殿にたどり着き、「御神使さま」の称号を手に入れました。

一通りのセレモニーが終わると、私は神社のすぐ裏にある老舗旅館の奥座敷へと通されました。

そこは初詣客で沸く神社の喧騒《けんそう》とはうってかわって薄暗く、ひっそりとしていました。座敷にはちょっとした神式の祭壇が作られ、お神酒や捧げものが置かれています。電気はなく、時代劇に出てくるような行灯《あんどん》だけが部屋の灯りです。

私は氏子総代に言われるまま、そこの上座に座らされました。「そのまましばらくお待ちください」と言い残して総代が去ると、私はどことなく不気味な座敷にぽつんと一人きりでした。

こんな古い因習がほんとうにまだ残っているんだな……私は落ち着かない思いで、なんの物音もしない陰気な座敷に座っていました。

するとほどなく、襖がそっと開きました。

「失礼します……」

まだ二十歳になっていないだろう、若い女の子でした。黒髪を腰まで伸ばした、色白で清楚《せいそ》な感じの少女です。着ているのは袴《はかま》の緋色も鮮やかな巫女さんの装束で、そのせいでいっそう清純な雰囲気が引き立ちます。

少女は私の前で少しぎこちなく膝をつき、深々と頭を下げました。

「亜耶《あや》と申します。御神使さまの福をいただきに参りました」

いい思いができるとは聞いていたけど、まさかこんなかわいい巫女さんを抱けるのか？

私はまだ、どこか半信半疑でした。私は童貞でこそありませんでしたが、お世辞にも女にモテるイケメンではなく、ましてこんな可憐な少女との本番なんて、まるで夢みたいな話です。

「福をいただきにって、つまり、俺と、アレしちゃうってこと？　ほんとにいいの？」

念を押すと、亜耶は頬を赤くしながらも、はっきりとうなずきました。

「はい……巫女バイトの子たちみんなしたがってて、なので全員でくじを引いて、私が当たりました。うれしいです」

かわいい巫女さんたちがみんな私とヤリたがってる……そう聞いただけで、私はもう半勃起ものでした。

しかもこの交わりは神事の一環なので双方他言無用、何があっても後腐れなしが不文律になっています。あとあとの心配、気兼ねをせず思う存分ヤレるのです。

「そ、それじゃ、さっそく、しようか」

襖を開けると、隣の間にはすでに布団が用意されていました。

私は巫女姿の亜耶を布団の上に押し倒すと、遠慮なくその唇にキスします。

「あん……うぅん……」

亜耶は悩ましい吐息を洩らしますが、けっして抵抗しません。

それどころか、私の首に両腕を巻きつけ、ぎこちなく唇を返してくるのです。

ティーンの熟しきっていない唇の味はやはり格別です。甘ずっぱい唾液を舌に感じるだけで、私の股間はさらにいきり立ちました。

巫女装束の襟を強引にはだけると、亜耶は下着を着けていませんでした。真っ白で、小ぶりのリンゴみたいにぷりっと張った乳房が露になります。

そっと握ってやると、亜耶は「やあん……」と愛くるしい悶え声をあげます。

ゴムボールみたいにみずみずしい弾力は、この世代の少女ならではです。

乳首をそっと舐めてみます。感じやすい亜耶は、わずかな刺激にもビクビクッと肩をふるわせます。

「あん、ああんっ、神使さまぁ……やあ……」

「乳首、もうぴんぴんじゃないか。いやらしい体だな」

指先で乳頭をまさぐりながら私が耳元にささやいてやると、亜耶は全身をくねらせて感じまくるのです。

「あーん、恥ずかしいっ……だ、だって、このところずっと、頭の中はこうやって福をいただくことでいっぱいで……考えてるだけで毎日興奮しちゃって……」

「マジメそうな顔して、亜耶はスケベなんだね。どうしてそんなに福がほしいの？」

私はじわじわと、手を下半身に伸ばします。緋袴をまくり上げると、すらりとした細い脚が露出しました。私は遠慮なく、その真っ白ですべすべな内ももを思うままなで回します。

喘ぎながら、亜耶は答えました。

「ああ……わ、私、就活が全然はかどらなくて……いろんな神社とかパワースポットにお参りに行ったんですけど……はあん……だからどうしても、御神使さまの福がいただきたくて……んんーっ」

私はさらに亜耶の緋袴をたくし上げます。ノーブラの亜耶も、さすがにショーツははいていました。飾り気のない、コットンの白いショーツです。私は亜耶に脚を開かせ、その中心部をのぞき込みました。

こんな若い女の子の股間をしげしげと観察する機会なんてめったにありません。

亜耶のショーツのクロッチ部分には、すでにじんわりとはしたないおもらしジミが浮き上がっていました。私は指先で、そのしっとりした部分を突つきます。

「おっと、もう濡れてるじゃないか。すっかりその気だね」

「や、やあん、そ、そんなに見ないでください。恥ずかしいです」

私はガマンできずに、亜耶のショーツを引きずりおろしました。

おお……私は息を呑んで、目の前に現れた少女の陰部を見つめました。

毛は薄くて、ピンク色のまだ幼いワレメがかすかに開いています。指でそっと押し広げると、クリトリスも未発達で、膣穴など指が一本入るだろうかというくらい狭いのです。それでも、いっちょうまえに透明な愛液をとろりと溢れさせています。

「ちっちゃくて、かわいいおま◯こだね」

「あ、だめです……そこ、そんなに見られたことないから……」

思わずアソコを隠そうとする亜耶の手を押しのけて、私は念のため尋ねました。

「まさか、処女じゃないよね？」

「あの……一人だけ、つきあったことあります。その人と、何回か……」

私は少しほっとしました。いくら向こうから求められたとはいえ、処女を奪うのはいささか気がとがめます。

私は舌を出して、若々しい愛液の味を確かめます。ほんのりと汗くさい、でも新鮮で甘ずっぱい果汁のようです。

「あっ、ああ……そんなところ舐めたら……ああ、恥ずかしいっ。ああんっ、やんっ」

羞恥と快感に、亜耶は全身をビクビクさせて悶えます。

私はズボンを脱ぎ捨てました。すでに私のナニは、へそにくっつきそうなほど大きく怒張していました。

私は亜耶の手を導いて、それを握らせました。

「ほら、わかる？　おれのものもうこんなになってるだろ」

「え……？　あ、すごい……なにこれ……」

私はギンギンになっている男の武器を、亜耶の目の前に突き出しました。

くりっとした愛らしい目をまん丸にして、亜耶は私のそれを凝視します。

「やだ……こんな大きいおち○ちん、初めて見ます。すごぉい……こ、こんなの、ほんとうに入るんですか……？」

「ちょっと舐めてみる？」

私が促すと、半ばはだけた巫女姿の亜耶は、「私、あんまり経験ないから、じょうずじゃないかも」と言いながら、おそるおそる先端部に舌をつけました。やがて亜耶はぺろぺろと、小さな舌先で私のブツを舐め回してくれます。

たしかに不慣れで不器用な舌技でしたけれど、かわいい少女の初々しい奉仕はまた格別の快感があります。思わず「くうーっ」とみっともない声が出てしまったほどです。

亜耶の唇が、そろそろと私のモノ全体を口いっぱいに含んでいきます。大きくてゴリゴリした私の勃起を咥えるのは苦しそうでしたが、亜耶は「んっ、んっ」とかすかな声を洩らしながら、いじらしくフェラをしてくれます。

私はもうガマンの限界でした。

「さあ、お待ちかねの福を授けてあげるよ」

私は亜耶をもう一度あおむけに寝かせ、小さな穴に狙いを定めました。

「ああ、御神使さま……」

亜耶の狭い入り口は、エラの張った私のデカブツにちょっとばかり抵抗しましたが、私が腰を落としてぐいっとねじ込むと、徐々にその門を開いていきました。

「あんっ、あんっ、御神使さま、大きいです……ちょっと、こわい……」

「少しだけガマンするんだよ。ほら、だんだん入るよ……」

うう－っ、と私は声にならないうめきをあげました。亜耶の熟しきらないマン壺はキツキツに私のナニを締めつけ、こらえられない心地よさです。

「んくぅ－っ。ああ、御神使さまのが、お腹の中いっぱい……こんなの無理ぃ……はああんっ、ま、まだ入るんですか……？」

眉根をぎゅっと寄せ、亜耶は苦しげに喘いでいます。私はさらにじわじわと、サオの残りを亜耶の中へと沈めていきます。

「ひいぃんっ、ま、まだあるんですか……あ、だめ、亜耶のおなか壊れちゃう……すごいすごい、こんなの初めて……」

「ああ－、いいよ、亜耶のここ。小さくてきゅっきゅって締めてくるね。すごく気持ちいいよ。すぐに亜耶も気持ちよくしてあげるからね」

私は亜耶の上にのしかかり、ぐいぐいとピストンを始めます。抜き差しのたびに、亜耶の可憐な膣壁は私のモノに痛いほど吸い着き、こんないたいけな娘とセックスしているという背徳感とあいまって、かつて感じたことのない快感でした。

私はいまだけは神様の化身で、これは正当な神事なのだ。そう思うと、私はいつになく利己的になり、ただ射精の欲求のためだけに激しく腰を振りつづけていました。

「ああんっ、ああーっ、御神使さまっ、御神使さま、すごいっ。いっぱい、いっぱいくださいっ。亜耶に注いでくださいっ！」

いつしか亜耶もまた、顔を真っ赤に上気させ、肉欲に我を忘れているようでした。

「ううーっ、出るッ！」

私は込み上げてきた欲望をいっさいこらえることもなく、最後に根元まで奥深くに突き入れると、本能の赴くままに精液を亜耶の胎内にぶちまけたのでした。

ブルブルと放出の余韻にわななく私の体に両腕を絡みつけ、亜耶は甘い声で「ああ、ありがとうございます。御神使さまの福、いただきました」とささやいていました。

「御神使さま」としての役得は、もちろんそれで終わりではありませんでした。

松が明ける間もなく、私は氏子衆の婦人会に呼ばれました。

畳敷きの集会場には、揃いの小忌衣《おみごろも》といわれる白い袖なし羽織を着けたおばさまがたが十数人、ずらりと正座して待っていました。

進み出たのは、私が子どものころからよく知っている女性でした。香織《かおり》さんという、三十六歳になる近所の奥さんです。若いころから美人で巨乳で、子ども時代の私にも優しいお姉さんとして接してくれた人でした。すでに人妻で子どもさんもいますが、いまもきれいで、歩いているだけでぷるんぷるん揺れるおっぱいに目を奪われます。

私の顔を見て、香織さんははにかんだように微笑みました。

「ちょっと照れるけど、御神事だから、ね。では、氏子婦人会を代表して失礼します、御神使さま」

言うなり、香織さんは私のズボンを脱がせ、いきなり私のナニを握るのです。もちろん婦人会のおばさまたちが見守る前で、です。私のイチモツを見た熟女たちはいっせいに目を輝かせ、「あら、大きいわ」「今年はいい体してるじゃない」などとヒソヒソささやき合いました。

小さいころからあこがれていた美人に股間をまさぐられ、しかもそれをスケベそうな目つきの大勢の熟女たちに見られているという異常な状況に、私は逆にアブノーマルな興奮を感じてしまいました。ただでさえ性欲の強い私のそこは、たちまちビンと臨戦態勢になってしまいます。

「やだ、すごーい」「若いと勃ちもいいのねえ」

熟女たちが好き勝手に言い交わすなか、香織さんはものも言わずに私のものをしゃぶりだしました。ああ、昔は近所のきれいなお姉さんとしてなついていた香織さんが、こんな場所で私に即尺している。夢にも思わなかった強烈な快感でした。

「あー、気持ちいいです、香織さんっ」

さすが男慣れしている人妻のおしゃぶり、私は発射しないようガマンするのが精いっぱいでした。

「御神使さま、こちらに横になって」

香織さんに言われるまま、私は畳の上にあおむけになりました。香織さんは小忌衣をはずし、その下のワンピースもするりと脱ぎ捨てました。子どもを一人産んでいるとは思えないすばらしいボディラインでした。

少しだけ恥じらいながらも、香織さんは花柄のブラジャーとパンティも脱いでしまいます。たわわに揺れるちょっと垂れた爆乳と、もっさり濃密なアンダーヘアも、もう私の目の前でした。

さっきからギン勃ちになっている私のそこは、さらに痛いほど硬直しました。

「では、皆様を代表して、私本年の福をちょうだいします」

香織さんは、目をぎらつかせてこちらを見ている熟女たちに一礼すると、私のそこをガニ股で跨ぎました。ぱっくりと開いた熟れきったワレメからは、ねっとりしたスケベ汁が糸を引いて垂れています。

そっと私の勃起を握ると、香織さんは上からそれをゆっくりと自分のアソコに呑み込んでいきました。

「あああ……すごく大きいわあ……それにカッチカチ……ああ、たまんない」

舌舐めずりしながら、かすかに淫らな薄笑いを浮かべて、香織さんはどんどん私のモノを奥深くへと納めていくのです。それは子どものころから知っているやさしい香織さんとは、まったく違うメスの表情でした。

居並ぶ熟女たちも思わず身を乗り出し、固唾《かたず》を呑んでいます。

「ああ、入った……ああーん、アソコがはちきれそう……これ、すごぉい」

快楽にひたりきった顔で、香織さんはぬぷぬぷと腰を使いはじめます。

くうぅーっ。美熟女が自分からしてくれる逆ピストンはたまらない気持ちよさです。見上げれば、香織さんの爆乳が踊るように弾んでいて、視覚にも最高に刺激的です。

私は思わず手を伸ばし、小さいころからこっそり盗み見ていた爆乳をわしづかみにしていました。手のひらから溢れる柔らかい乳房の感触だけで、私は反射的に射精しそうになったほどでした。

「はあ、はあぁ、おっぱいも気持ちいいわあ。もっと、もっとさわって。はあぁ」

香織はお尻を激しく上下動させながら、私の手をつかんで、さらに強く乳房をもみしだかせるのです。私が指先で、コリコリになっている大きめの乳頭をつまんでやると、香織さんは「んはぁんっ、それも好きぃ」とますます腰を暴れさせました。

見つめる熟女たちは、もうじっと座っていられないようでした。交わる私たちに近づいて、結合部をしげしげ観察したり、中にはスカートの中に手を突っ込んで自分を慰めているおばさまもいました。

「おっぱい、おっぱいしゃぶって……」

香織さんは上体を倒して、洋梨のような乳房を私の口に押しつけました。

大きな乳輪と、ピンと直立した乳頭を、私はまとめて口に含みます。

「ううんっ、いいわぁ。乳首感じちゃうっ。それにおち○ぽもいいっ。奥の奥に当たってたまらないわ……ああ、イッちゃいそう」

すると周囲の熟女たちが口々に言うのです。

「あらダメよ、香織ちゃん。御神使さまから福をいただく御神事なんだから」

「そうそう。まず御神使さまによくなっていただかなくちゃ」

髪を振り乱して腰を動かしつづける香織さんは、しおらしくうなずきます。

「はい……はい、励みます。御神使さま、私のおま○こ、どうですか？　気持ちいいですか？　いつでも好きなときに、昇りつめてくださいませ」

正直、こちらも限界間近でした。香織さんのしっぽり濡れた膣肉は締り抜群で、ただでさえ刺激が強烈なのです。

そのうえ、スケベな熟女たちが、私の服をめくり上げて乳首をくすぐったり、タマをくすぐったりしはじめたのです。

「ううーっ、も、もうダメだっ。イッ、イクッ……！」

「はあ、はあ、ど、どうぞ、好きなだけ……中に福をくださいっ。あああーっ、私も、私ももうっ、イッちゃ……あああっ！」

香織さんは大きく叫ぶと、失神したように私の上に倒れ込みました。同時に膣がそれまで以上にきゅっと収縮し、それが最後の刺激になりました。

私は耐えに耐えていた欲求を解放しました。ぶりぶりと音が出るのではないかと思うほどの勢いで放った精液が、香織さんの子宮にこってりとぶちまかれました……。

正月が終わっても、私の「福」を求める女性はあとを絶ちませんでした。

ピチピチの若い子から母親と同年代の熟女まで、近所の人はもちろん、わざわざ県外から尋ねてきた女子大生なんてのもいました。その一年、私は何人の女性とセックスしたか数え切れないほどでした。

もっとも、そんなこの世の極楽を味わえたのも、次の御神使さまが決まる正月まででした。

二連覇を目指して出場した私は、スタート直後に転倒して足首を骨折、あえなく御神使さまの地位から陥落《かんらく》したのでした。

いままでのモテようはなんだったのかと思うほど、私はその日からぱったりと女性から縁遠くなってしまいました。

近所に住む香織さんも、たまにすれ違っても儀礼的な会釈をするだけで、声をかけてもくれません。

いまでは、あの一年は神様が見せてくれたいい夢だったと思うようにしています。

童貞で十八歳を迎えた男の筆おろし儀式で欲求不満の未亡人が味わうオーガズム

小松成美　パート・三十五歳

私の暮らす村は漁を生業《なりわい》にしている家が多いのですが、やはり危険な仕事なので、何年かに一人の確率で事故で亡くなってしまうんです。そのため、村にはけっこうな数の未亡人がいます。そういう私も二年前に夫を亡くした未亡人なのです。

生命保険や遺族年金があるし、港の食堂などの仕事が豊富なので生活には困らないのですが、困るのは性欲です。田舎の特色の一つだと思いますが、私の村ではみんな若いうちに結婚してしまうので、男盛《ざか》りの人たちはもうほとんどが既婚者です。

漁師の村なので女もみんな気性が荒く、未亡人が既婚者の男性と不倫などしようものなら血の雨が降ってしまいます。

だから私の村には、童貞のまま十八歳を迎えた男性がいたら、未亡人が筆おろしをしてあげなければいけないという風習があるんです。

いちおう、表向きには、未熟な男を早く一人前にしてあげないと村が繁栄しないという考えからと言われているのですが、ほんとうのところは、若い男とセックスする機会を未亡人に与えて性欲を満たしてあげるという側面もあるのでした。

私は夫を亡くして二年がたちますが、一年目は喪に服すということから童貞の男をあてがわれることはありませんでした。二年目になり、そろそろだなと期待していたのですが、前述したとおり未亡人が何人もいるために、私に順番が回ってくることがありませんでした。

欲求不満も限界に達しかけていたつい先日、ようやく私に筆おろしの役目が回ってきました。その相手は、すぐ近所に住んでいる、よく知っている男の子です。名前は貴志《たかし》君といって、彼が子どものころからの顔見知りで、親戚の子のような感覚で見ていた相手です。

仲介人の方の話によると、私が相手をすることになったのは、貴志君からのリクエストがあったらしいんです。どうやら貴志君は昔から私のことが好きで、私に筆おろしを頼みたいがために、十八歳になるまで、あえて童貞を守りつづけたようなのです。

よく知っている男の子の筆おろしをするなんて恥ずかしかったけど、この機会を逃すと次に順番が回ってくるのはいつになるかわかりません。それに、これは村の決まりなので、私は断ることはできません。もしも断ったら村八分にされてしまう可能性もあるんです。

そして、貴志君は十八歳の誕生日に、私の家にやってきました。

「成美《なるみ》さん、よろしくお願いします」

「こちらこそよろしくね。さあ、入ってちょうだい」

まるで女郎屋のように布団が敷かれた奥の部屋に彼を誘いました。そして二人で向かい合って布団の上に座り、私は貴志君の手をそっと握りました。そしたら、彼の手が震えているんです。初体験というのはそれぐらい緊張するものなのでしょう。

いきなり母性愛が目覚めた私は、今夜は彼にすばらしい体験をさせてあげなきゃという思いになりました。それがこの村の未亡人の務めなのですから。

「私がリードしてあげるからリラックスして。貴志君がしたいようにしていいのよ」

「じゃあ……キス……してもいいですか？」

「いいわよ」

私は貴志君の顔に自分の顔を近づけました。すると貴志君もゆっくりと顔を近づけてきて、二人の唇がふれ合ったんです。大人の男なら、そのあとむしゃぶりつくような激しいディープキスに移行するのでしょうが、童貞の貴志君はすぐに唇を離して、恥ずかしそうに顔をそむけてしまうのでした。

「どうだった？」

「……成美さんの唇はすごくやわらかくて感動しました」

顔を赤らめながら言う貴志君はほんとうにかわいいんです。この子を悦ばせるためなら、どんなことでもしてあげたいって気分になってしまいました。

「さあ、このあと、どうしようかしら？　私にどうしてほしい？」

私の問いかけに、貴志君は即答しました。

「成美さんの裸を見せてください。お願いします！」

「えっ……でも、それはちょっと……」

「ぼくが童貞から卒業する記念すべき女体をよく見て、記憶にとどめておきたいんです」

そう言う貴志君の気持ちもわかります。初体験というのは一生忘れられない特別なものなのですから。

「記念だもの、仕方ないわよね」

私はその場に立ち上がり、服を脱ぎはじめました。その様子を貴志君は布団の上に正座して、じっと見つめているんです。その真剣な眼差しで全身を舐め回されて、私は体がほてってしまうんです。

ブラウスとスカートを脱ぎ、すぐに私はブラジャーとパンティだけという姿になりました。若いころならまだしも、いまはもう三十代半ばなんです。十代の男の子から見たら、もうオバサンの体なのではないかと不安になってしまうのでした。

だけど、私の手が止まると、貴志君は目をギラギラさせながら催促するんです。

「それも……それも全部脱いでください」

見せてあげると言った手前、ここでやめるわけにはいきません。

「わかったわ。恥ずかしいけど貴志君のために全部脱いであげる」

私はブラジャーとパンティを脱ぎ、貴志君の前で気をつけの姿勢をとりました。

「あぁ……すごくきれいです」

貴志君はため息のような声で言い、私の体に舐めるように視線を這わせました。ふれられてもいないのに、全身に鳥肌が立ち、乳首が硬くとがっていきました。

それに股間からは愛液が溢れ出てきて、内腿を流れ落ちてしまいそうになるんです。

アソコをじっくり見せて、と言われたらどうしようと思っていたのですが、まだ童貞である貴志君はさすがにそこまで要求する勇気はないようで、なんだかモジモジしてるんです。だから私は先回りして言ったんです。

「今度は貴志君も裸になって。私一人だけ裸なんて、なんか変でしょ？」

「そ……そうですね。わかりました」

貴志君は布団の上に立ち上がり、Tシャツとジーンズを脱ぎました。残るはボクサーパンツだけです。それは勃起したペニスの形に伸びきってしまっているんです。

「それも脱いで、全部見せて」

貴志君が熟れた女の裸を見たいように、欲求不満の未亡人は若い男の裸を見たくてたまらないんです。

「……うん。じゃあ……」

初めて女性の前で裸になるのでしょう。貴志君は恥ずかしそうに顔を赤らめながらボクサーパンツを脱ぐと、腰を伸ばして私の前で胸を張りました。すると勃起したオチ○チンがまっすぐに天井を向いてそそり立ち、ピクピクと震えているんです。

「はあぁぁん……すごく大きいわ」

今度は私がため息のような声で言う番です。

「ほんとですか？」

ほかの男と比べたことなどないのでしょう。貴志君はうれしそうな表情を浮かべました。

「ほんとうよ。こんなに大きなオチ○チンは見たことないかも。それにすごく硬そうだわ。中に若いエネルギーが詰まってるって感じで」

「若いエネルギー……？　こういうことですか？」

貴志君は下腹に力を込めて、ビクンビクンとペニスを動かしてみせるんです。

「ああ……なんていやらしい動きなのかしら、もう我慢できないわ」

見せ合いっこはとりあえず休止して、私は貴志君の前に膝立ちになり、オチ○チンを両手で包み込むようにつかみました。

「ううっ……成美さんの手、すごく気持ちいいです」

「まだつかんだだけじゃないの。これからもっと気持ちよくしてあげるわ」

私はオチ○チンをつかんだ両手を上下に動かしはじめました。

「ううっ……ああ、すごい……ううう……」

貴志君は私の邪魔をしないように両手を体の後ろに回して、オチ○チンを突き出しつづけます。その様子がいじらしくて、もっと気持ちよくしてあげたい思いから、私は大きく口を開けて、亀頭をパクッと口に含みました。

貴志君のオチ○チンはほんとうに大きいので、もうそれだけで口を完全にふさがれて、ちょっと苦しいぐらいなんです。でも、私は口の中の粘膜で締めつけるようにしながら首を前後に動かしはじめました。

「ああ……いい……成美さん、すごく気持ちいいです……ううっ……」

貴志君が気持ちよさそうにしているのがうれしくて、私はさらにしゃぶる勢いを激しくしていきました。

「あっ……ダメですよ。そ……そんなに強くしたら。ううう……」

欲求不満の未亡人の熱烈フェラは童貞には気持ちよすぎたのでしょう、貴志君は腰が抜けたように布団の上に座り込んでしまいました。それでも私はフェラチオを続けました。久しぶりのオチ○チンに夢中になっていたんです。

すると貴志君は苦しげな声で言うんです。

「ぼくも……ぼくも成美さんのオマ○コを舐めたいです」

私には拒否する理由はありません。もうさっきから股間がムズムズしてたまらなくて、こちらからクンニをおねだりしたかったぐらいなんです。

「いいわよ。じゃあ、舐め合いっこしましょ」

私はオチ○チンを口に含むと、コンパスで円を描くようにお尻を移動させて貴志君の顔を跨ぎました。

「あっ……すげえ……」

貴志君が感動したように言い、その吐息が熱く濡れた割れ目の奥をくすぐるんです。たったそれだけの刺激で、私は腰をヒクヒクさせてしまうほど感じてしまうのでした。しかも、割れ目の奥に吐息がかかるということは、小陰唇がぱっくりと開き、膣口まで貴志君の目にさらされているということです。その恥ずかしさをごまかすように、私はまた唾液を鳴らしながらオチ◯チンを激しくしゃぶりはじめました。

「成美さんとこんなことができるなんて。ぼく……この村に生まれてよかったです」

そう言うと貴志君は、私の陰部に食らいついてきました。だけど結局は童貞です。割れ目の奥ばかり舐め回して、いちばん感じる部分はほとんど舐めてくれないんです。

徐々に物足りなさが込み上げてきました。それに私は貴志君の筆おろしをする役目なのだからちゃんと指導してあげないといけないんだと自分に言いわけして、彼におねだりしちゃったんです。

「クリを……あああん……クリをもっと舐めてぇ……」

「え？　ここですか？」

貴志君はいったん顔を離して、両手で割れ目を広げ、クリトリスをおおう包皮をめくりました。まじまじと観察してるのがわかるんです。恥ずかしいけど、そんなことは言ってられません。

「もうパンパンになってるでしょ？　それを舌先でくすぐるように舐め回して」

「……こうですか？」

素直な貴志君は言われたとおり、クリトリスを舌先でチロチロと舐めはじめました。

「あっはあああん、んぐぐうぐ……」

自分からおねだりしたくせに、私はその強烈な快感のやり場に困り、オチ○チンに食らいつきました。そんな私の反応を見て貴志君もますます興奮してしまうようで、オチ○チンに力がみなぎりすぎて、口の中でピクンピクンと痙攣するんです。

そして、未亡人をもっと悦ばせてあげようというふうに、貴志君は舌先を高速で動かしてさらにクリトリスを舐め転がしつづけます。

「いい〜。あああん……そ……それ、気持ちいい……はあああん……」

もうフェラチオを続けていることもできなくなり、私はオチ○チンを口から出して体をのたうたせました。

「ずっとこうしてればいいんですか？」

童貞の貴志君は私に指示を仰いでくるんです。そうやってクリトリスを転がすように舐め回されるのは気持ちいいのですが、同じ刺激がずっと続くと、もっと違う刺激が欲しくなります。だから私は言ってあげたんです。

「吸ったり、軽く噛んだりしてみて」

「えっ、クリトリスをですか？　……わかりました」

そういう愛撫が存在することは意外だったようです。でも貴志君は私を気持ちよくしてあげようと、言われたとおりクリトリスを責めはじめるんです。

貴志君はチューチューと音をさせてクリトリスを吸ったかと思うと、前歯で軽く噛んでみせました。その瞬間、電流が駆け抜けたように私の全身がしびれてしまいました。

「あっはあああん！」

「そ……そんなに気持ちいいんですね？　じゃあ、もっとしてあげますよ」

貴志君は今度は舌で転がすように舐めたり、チューチュー吸ったり、前歯で軽く噛んだりという愛撫を繰り返すんです。

「ああっ……じょうずよ、貴志君……はあああん……だ、ダメぇ……ああんっ……」

「す……すごいです。成美さんのマン汁がどんどん溢れてきますよ」

と言うと、貴志君は膣口に唇を押し当てて、ズズズ……とエッチな音をさせて愛液を直接すするんです。

「ああん、ダメ……そ……それ、変な感じ……あああん……」

「お尻の穴がヒクヒクしてますよ。これって、もうイキそうなんじゃないですか？」

「そ……そうよ。もうイキそうなの。イカせてくれる？」

「いいですよ。さあ、成美さん、イッちゃってください！」

貴志君はもう一度クリトリスを口に含み、むちゃくちゃに舐めたり吸ったり噛んだりを繰り返すんです。

すでに限界まで高まっていた私の体は、すぐに一線を越えてしまいました。

「あっ、ダメダメダメ……あああん……イクイク……イッちゃううう！　はっんん！」

ビクン！　と体をふるわせて、私は貴志君の上からずり落ちてしまいました。

「成美さん……イッちゃったんですね？　ぼくのクンニでイッちゃったんですね？」

布団の上にぐったりと横たわったまま振り返ると、貴志君は顔中を愛液でヌラヌラ光らせながら、じっと私を見おろしているんです。その貴志君の股間には、私の唾液にまみれたオチ○チンがはち切れそうになってそそり立っています。

「そうよ。貴志君のクンニでイッちゃったの。すごくじょうずだったわ。さあ、もう入れたくてたまらないんじゃない？」

ほんとうは自分が入れてほしくてたまらなかったのですが、年上のプライドが私にそんなことを言わせるんです。でも、貴志君は自分の気持ちを素直に口にしました。

「はい。入れたいです！　成美さんのオマ○コに入れさせてください！」

「いいわよ。さあ、ここに入れて」

私はイッたばかりで力が入らない体を無理やり動かして、貴志君に向かって大きく股を開いてあげました。

「あああ……穴がヒクヒク動いてて、すごく気持ちよさそうです」

貴志君がオチ○チンを右手でつかんで、目を輝かせました。

「さあ、私のオマ○コで童貞から卒業して。そして、今度はそのオチ○チンでイカせてちょうだい」

「はい。いっぱいイカせてあげますよ」

クンニでイカせたことが自信になったのでしょう、貴志君はそんなことを言いながら私の股の間に体を移動させてきました。

「ここに入れればいいんですよね？　そしたらぼくは童貞じゃなくなるんですよね？」

亀頭を膣口に軽く押しつけながら貴志君は言いました。

「ええ、そうよ。さあ、早くちょうだい」

「入れますよ。ううぅっ……すごく狭いです……ここで合ってるんですよね？」

貴志君は腰を押しつけてくるのですが、セックスするのが久しぶりすぎて膣壁がセカンドバージン化していたのか、オチ○チンがなかなか入らないんです。

そのことで貴志君は急に不安そうな顔になってしまいました。

「大丈夫。合ってるから、小刻みに動かしながら押し込んでみて」

私が励ますように言うと、貴志君はパンパンにふくらんだ亀頭を膣口に押しつけてきました。すでに一度クンニでイッた膣はもうすっかりとろけていたので、大量に溢れ出た愛液の力を借りて、貴志君の大きなオチ○チンを徐々に呑み込んでいきます。

「あああん……入ってくる……はあぁぁん……入ってくるぅ……」

「ううう……入っていく……成美さんのオマ○コの中に入っていきますよ」

三分の一ほど入ったと思うと、いきなりヌルンと奥まですべり込んできました。

「あっはあああん！」

子宮口に亀頭が当たり、私は体をのけぞらせて喘ぎ声を洩らしてしまいました。

「入った！」

貴志君が感動の声をあげました。そして私の顔をすぐ近くからのぞき込みながら言うんです。

「成美さんのオマ○コ、温かくて、ヌルヌル締めつけてきて、すごく気持ちいいです」

「貴志君のオチ○チンも大きくて硬いから、私もすごく気持ちいいわ。二人でもっと気持ちよくなりましょ。さあ、オチ○チンを抜き差ししてみて」

「こう……ですか？」

貴志君はゆっくりとオチ○チンを抜いていき、完全に抜けきる手前で止めて、今度はまた奥まで挿入してきました。

「あぁぁ……そ……そうよ。それ、すごく気持ちいいわ」

「ううう……ぼくも……すごく気持ちいいです。ああ、腰の動きが勝手にどんどん速くなっていく……ううう……」

とまどったように言いながらも、童貞である貴志君は、ただ本能のまま、いきなりラストスパートのように激しく腰を振りはじめました。

「ああ、すごいわ。はあああん……」

勢いがすごすぎて、私の体は布団の上をずり上がっていくんです。それをしっかりと抱きしめて、貴志君は初めてとは思えない腰の動きで膣奥を突き上げつづけます。

「あ、ダメ、イッちゃう……あっはあああん！」

久しぶりすぎる子宮口への快感で私はあっさりと絶頂に上り詰めました。と同時に膣壁がきゅーっときつく収縮して、貴志君のオチ○チンを締めつけるんです。

その狭い膣穴にオチ○チンを抜き差しする快感はきっとかなりのものです。その快感に、さっきまで童貞だった貴志君が耐えられるわけがないんです。

「あ、ダメだ。成美さん、出ちゃう！　あああぁ、出ちゃうよ！」

泣きそうになりながらも、貴志君は腰を振りつづけます。

「ああん！　出して！　今日はピルを飲んでるから平気よ。あああぁん！」

「い……いいんですね？　あああぁ、もう……もう出る〜！」

膣奥をズンと突き上げたまま貴志君は腰の動きを止めました。と同時に、子宮目がけて温かい液体が勢いよく噴き出すのがわかりました。

「はあああ……最高に気持ちよかったわ。もうこれで貴志君は童貞じゃなくなったの。これからは大人の男としてがんばってね」

はあはあと苦しげな呼吸をしている貴志君を下からぎゅっと抱きしめて、私は耳元でささやいてあげました。

貴志君とはそれっきりです。できればまた彼とセックスしたいのですが、筆おろしの相手と何度もセックスすることは禁じられているんです。

いまはまた童貞のまま十八歳を迎える男性が現れるのを待つ日々です。

少し離れた家の男の子が来月十八歳になるので、それを狙っているのですが、ほかにも未亡人はいるのでどうなることか……。

初夜の相手は五十路のエロい完熟義母
妻の見ている前で娘婿との禁忌の情交

河島正邦　公務員・四十五歳

先日、家族や親類が集まって義母の喜寿《きじゅ》のお祝いをしました。田舎のことなので、なかなか盛大なお祝いでした。喜寿といっても義母はまだまだ元気で、毎日必ず畑に出ています。私はそんな義母の姿を、いまでもまぶしい気持ちで眺めています。というのも私と義母には、じつは特別な関係があるからです。

先日、私は四十五歳になりました。東北の某県の山奥で農林試験場に勤めています。東京生まれで東京の農大を出たのですが、大学で知り合った女性と結婚して、彼女の生まれ故郷であるこの村で暮らすようになりました。映画館もカフェもないひなびた村ですが、大学で学んだ知識を生かして故郷の山村のために尽くそうという彼女の意志に共感して一大決心をし、この地にやってきました。もちろん、それだけ彼女を好きだったからです。

これから紹介するのは、そんな私の思い出です。結婚してこの村に移り住んだとき、私はとんでもない体験をしたのです。

じつは、結婚して妻となった女性には、「村に帰るまではセックスはダメ」といわれて、肉体関係はいっさいナシでした。お堅い女性だなあと思っていたのですが、そんなところも田舎生まれの彼女の素朴さだと思い、むしろ好意的に思っていました。

ところが、村に移住してその理由がわかり、驚きました。

じつはその村では、若い者が結婚すると、結婚した相手の親が、ますは婿なり嫁なりとセックスして、性的に何も支障がないかを確認するという風習があったのです。だから、私はまずその母親とセックスしなければなりませんでした。それがあったので、妻は村に帰るまでは絶対に体を許さなかったというわけです。

当時の私はまだ二十代半ばです。そして妻の母親は五十歳近い女性。私の母より年上でした。最初は抵抗があったのですが、古くからの慣習だと言われれば仕方ありません。それに、なによりも妻が真剣な顔でこう言ったのです。

「こうしないと私もあなたとセックスできないの」

こうなると、もう断ることはできません。私は仕方なく義母と「初夜」を迎えることになったのです。

最初はふつうに結婚の祝いがありました。彼女の親戚や村の有力者が集まり、神主が来て大勢の前で祝言を挙げました。地元でとれた農作物を使ったご馳走が並び、地酒が振る舞われ、それだけ見れば、ごくあたりまえな結婚に見えました。村長さんや農協の偉い人がまだ若造の私の前に来てていねいな挨拶をしてくれて、たいへんな歓迎を受けていることもわかりました。特に、私が農林試験場で働くことは知れ渡っていたので、いつか村の役に立つようなことをしてくれるはずだと、大いに期待されていることがひしひしと伝わってきました。私もそのつもりだったので、素直にうれしかったし、何がなんでも役に立つようにがんばろうと思ったものです。

しかし、そばに座っている義父母、特に義母のほうは、なんだか緊張しているような、それでいて好色そうな顔をしていたのをいまもよく覚えています。そんな義母の様子を見ると、私は複雑な気持ちでした。

やがて宴会が終わると、妻の家に移動し、そして奥の座敷に招き入れられました。そこには真新しい布団が敷かれ、白い襦袢姿になった義母が待ち構えていました。そして私の「初夜」が始まったのです。

そこであらためて義母から、村の風習を聞かされました。農村では貴重な労働力である家族が増えることがなによりも大切なことであり、そのためには何の支障もなく男女の交合を行うことが大事だということ。それを確かめるのが親の役目だということをじっくり教えられたのです。

あらためてよく見ると、義母は色白でむっちりしたなかなかの美人でした。ほっそりした嫁と違い、乳房もふっくらしてかなりの巨乳なのが襦袢ごしにもわかりました。正直なところ、ムラムラしなかったといえば嘘になります。とはいえ、やはり相手は義母です。どこまで本気になればいいのかわからず、とまどっていました。

そんな私に、義母は言いました。

「まずは、あなたのお道具から拝見します」

最初は何のことかわからず立ちすくんでいたのですが、正座した義母が私のズボンの前に手を添えたので、男性器のことだとわかりました。といっても、もちろん萎《な》えたままです。しかも、嫁にもまだ見せたことのないそれを義母に見られるのかと思うと、ますます委縮してしまい、ぼーっと突っ立ったままでした。

「ほら、恥ずかしがらないで」

そう言って義母は自分でベルトをはずし、ファスナーをおろしてズボンとパンツをいっしょにずりおろしました。小さいままのそれが丸出しになったので、思わず両手で隠してしまいました。

「まあ、緊張してるのね。大丈夫。私に任せて」

そう言うが早いか、義母はいきなりむしゃぶりついてきました。

まったく思いがけないことで私は身をゆだねていましたが、すぐにそれが反応して、ムクムクと硬くなってくるのがわかりました。

義母はとても巧妙でした。舌先で先端を舐め回しながら、根元からしごき上げ、さらにはタマのほうまで愛撫してきます。いかにも男性器の扱いに慣れているという感じです。そのうち先走りの液が溢れてくると、それを指先で亀頭にまぶし、ぬり広げると、再び口に含んでそこを味わいます。もうずいぶん昔のことなのに、いまでもその舌使いと快感をはっきりと覚えています。

「気持ちいい？　感じる？」

「は、はい、気持ちいいです、こんなの初めてです」

「立派なお道具持ってるのね。長さも太さも角度も、それに感度も申し分ないわ」

唾液まみれになって完全に上を向いてそそり立っているそれを見ながら、義母は満足そうな声をあげました。妻には見られたことがないのです。それを義母に見られるなんて考えてみればかなり恥ずかしい光景のはずですが、そう言われて、なぜか安心しました。義母はなおもしごき上げてくるしタマも刺激してくるので、思わずそのまま発射しそうになりました。

「ダメよ、まだ我慢して。これからが大切なんだからね」

そう言って義母は、襦袢の前を広げて横になり、M字開脚になりました。黒々とした茂みにおおわれたアソコが丸見えになりました。そこはピンクに濡れ光っていて、まさに生殖器という感じがしました。

「今度はあなたの舌使いを知りたいわ。ねえ、舐めて」

私は女性経験がそれほど豊富なわけではありません。そんな行為はあまり自信がなかったのですが、目の前にいやらしい部分を出されると、本能なのか、思いきりそこを舐め回したくなりました。

「ほ、ほんとうに、いいんですか？　舐めますよ」

私は義母の股間に顔を埋めて舌を伸ばしました。義母はすぐに喘ぎはじめました。舌先にぷっくりふくらんだクリトリスが吸いついてくるのがわかりました。ここが気持ちいいんだなと思って、さらに舌先を激しく動かすと、義母はもっと大きな声をあげました。しかも、どんどん液が溢れてくるのがわかります。なんだか自信がわいてきました。そうだ、どうにかがんばって私はこの義母を満足させなければならないのだ。ようやくそんな使命感がわいてきました。

　すると、そのときです。

「母さん、気持ちいいの？　正邦《まさくに》さんはじょうず？」

　え？　と思って顔を上げると、すぐ横で妻の奈々枝《ななえ》が見ていました。

「な、なんでここにいるんだ？」

「だって、これがしきたりだから」

「そうよ、正邦さん、奈々枝は横でしっかり見てますからね。あなたのワザを奈々枝にも見せてあげてね」

　義母と性交するだけでもたいへんなことなのに、それを妻が見てるなんて、とても信じられません。でも、それがしきたりだと言われれば仕方ありません。義母に促されて、再び股間に顔を埋めてクンニの続きをしました。その様子を奈々枝に見られているのはへんな気分でした。

「ねえ、舐めっこしてみて。母さん、それが好きだから」

　奈々枝が言いました。なぜそんなことを知っているのかわかりませんが、義母はうれしそうに笑って私をあおむけに寝かせると、逆向きにおおいかぶさってきました。

「確かに私はシックスナインが大好きだけど、ただ好きってだけじゃないの。お互いのアソコを同時に舐めっこするのは、とっても縁起がいいんだよ。あなたたちも必ずやりなさいね」

そう言いながら義母は再び男性器を握り締めてしゃぶってきました。私も目の前の義母の股間に顔を埋めて、舌を動かしました。さっきよりも濃厚な愛液が溢れて顔を濡らしてきます。舐めれば舐めるほど、義母は悩ましい声をあげながらペニスを強く吸ってきました。

「すごくいやらしい。見てるだけで私も興奮しちゃうよ」

気がつくと奈々枝は、スカートの中に手を突っ込んでいます。東京にいるときはキスもしたことがなくて純情な女だと思っていたのに、自分の夫になる男が母親と絡み合っているのを見ながら自慰行為をしているのです。衝撃的でした。

「奈々枝もいっぱい感じなさい。そのほうが神様も喜ぶから」

義母に言われて奈々枝はスカートをまくり上げて下着を脱ぎ捨て、私に見せつけるようにして指を動かしはじめました。じつは、奈々枝のそこを見たのはそれが初めてでした。こんな形で見るとは思いませんでしたが、奈々枝のそこは、もうぐっしょりになって陰毛までべっとりでした。それで私はますます興奮してしまいました。

「奈々枝、興奮してるのか?」

「興奮してるよ、あなたと母さんがお互いに舐めっこしてるの見ながら、クリちゃんいじくってるの」

上擦った声で奈々枝が言うと、義母が切羽詰まった声をあげました。

「もう我慢できない、一つになるわね」

義母はあおむけになり、足を広げました。

濃厚な淫臭を放ちながら、その部分が私を誘っていました。義母とはいえ、私はすっかり舞い上がってしまいました。

「ほんとうにいいんですか？」

義母と奈々枝と、両方にそう尋ねました。

「いいのよ、まずは私を満足させてちょうだい」

「母さんとしてからでないと、私とでもできないから。お願い、母さんを感じさせてあげてよ。それから私のことも気持ちよくして」

そこで私も腹をくくりました。

「じゃあ、お義母《かあ》さん、入れますね」

「言っとくけど、中にだけは出さないでね。あくまでもセックスを試すための儀式。もしも妊娠でもしたらたいへんなことになるから」

確かにそれはそうでしょう。私は絶対に中出しはしないと約束してから、義母の体に男性自身をあてがいました。

「ああ、とうとう入れるんだ。そんな大きなものが入るの？」

「大丈夫、私、すごく濡れてるから。正邦さん、とてもじょうずに舐めてくれたからね。まだ若いけど、なかなかのテクニシャンだよ、この人」

「ほんと？　そんなにじょうずなの？」

「奈々枝、楽しみにしてなさい」

母と娘の間で信じられない会話が交わされていました。

でも考えてみれば、この村では、こんな儀式のたびに似たような会話が行われてきたのでしょう。伝統とか文化とか、私はそんなことを考えていました。

「奈々枝、じゃあ、入れてもらうからね。正邦さんの大きなマラが母さんの中に入ってくるとこを、よく見てて。いずれはあなたも経験するんだから」

「わかった。見てる」

奈々枝は二人の結合部分をのぞき込みました。なんだかへんな気分でした。義母に挿入する瞬間を妻に見られてるなんて、ふつうはありえません。でもそのときの私は、その儀式の異様な雰囲気に呑み込まれてしまい、へんに興奮していました。

「じゃあ、お願い、入れてみて」

義母に言われて、私は男性自身をその部分に押し込みました。まだ若かったし、久しぶりのセックスで、最初は入り口がどこなのか迷ってしまいました。義母は陰毛が濃くて陰唇部分にもビッシリ生えているので、よくわからなかったのです。義母もそれを察したようです。

「もっと下……あ、違う、少し上……ああ、そこ」

「母さん、毛深いからわからないよね」

「毛深いほうが情が濃くって、アソコの具合もいいのよ」

「正邦さん、私は毛が薄いから、どこが入り口かすぐわかるよ」

そう言いながらも奈々枝はずっと股間をさわっています。お堅い女性だと思っていた奈々枝が、そんなふうに自分の性器をさわっている姿はかなりびっくりでした。いかにもオナニーをやり慣れてる感じでした。あとで知ったことですが、奈々枝はほんとうはかなり性欲が強くて、中学時代からオナニーマニアだったそうです。

とはいえ、そのときの奈々枝は、男女のセックスというものをナマで見るのは初めてで、しかも自分の夫になる男と自分の母親との挿入場面ということで、いつもより舞い上がってしまい、理性を失っていたようです。

「じゃあ、そのまま入れて」

義母に言われて、私はゆっくりとそれを押し込みました。もう濡れすぎるくらいに濡れているそこは、私のモノをニュルニュルと呑み込んでいきました。あのときの感触は、いまでもはっきり覚えています。

「ああ、大きいわ、正邦さんのマラ、すごく立派」

「ほんと？　母さん、苦しくない？　大丈夫？」

「大丈夫、すごく気持ちいい。太いから、圧迫感がすごいのよ。ねえ、もっと奥まで入れてみて。どこまで届くの？」

私はいちばん奥まで挿入しました。ずぶずぶとどこまでも入っていくようでした。

「ああ、奥に当たってる、すごいわあ。長さも十分。立派なマラだこと」

「そうなの？　正邦さんのアレ、合格？」

「合格。こんなにいいモノ持ってる人と結婚できるなんて、奈々枝は幸せね」

「うれしい」

奈々枝はそう言いながら指の動きを速めて、喘ぎ声をあげはじめました。

「ああ、母さん、興奮する。正邦さんと母さんのセックス、エロいよ」

「まだ入れただけ。本番はこれからだよ。ねえ、正邦さん、動いてみて」

私はゆっくり動きました。正直に言うと、義母のアソコの締めつけと奈々枝のオナニー姿、そして母と娘のわいせつな会話とで、もういつでも発射しそうでした。でもすぐに出してしまっては、きっとだめな早漏男と評価されそうな雰囲気だったので必死でこらえていました。

「どう？　母さん、正邦さんはじょうず？」

「すごくじょうず、すごくいいピストン。いいところ突いてくるよ」

義母の声がだんだん上擦ってきました。すごく感じているようでした。突くたびに、ふっくらした義母の巨乳がブルンブルン揺れていました。そのいやらしい揺れ方を見ていると、ほんとうに射精してしまいそうでした。

しばらくは必至でこらえながら動いていると、義母はすっかり感じまくり、そのままイキそうでした。もしかして、これで儀式は終わりなのだろうかと思いました。でも、そうではありませんでした。

「いろんな体位を試してみましょう」

義母はそのまま上半身を起こすと、あぐらをかいた私の下半身に跨るような格好になりました。いまなら名前もわかります。対面座位です。

「この体位だと下から突き上げられて、正邦さんのマラが長いのがよくわかるわ」

途切れとぎれの声でそう言いながら、義母は自分でグイグイ腰を動かしてきます。

奈々枝は、これが座位なのね、などと言いながら義母の背後に回って、つながっている部分を見ていました。

「すごい、ズッポリ入ってる、母さん、白い液がいっぱい溢れてるよ」

「だってすごいんだもの。本気汁垂れてきちゃう。ああ、すごくいいわあ」

大きくて重量感のあるお尻を両手で抱えて義母の体を上下に揺さぶると、声はどんどん大きくなって、私にしがみついてきました。

「ああ、ダメ、このままじゃ私イキそう。ねえ、今度はうしろからしてみて」

義母は四つん這いになりました。むっちりしたお尻はうしろから見ると、ますます巨大に見えました。しかもあの部分からは愛液が垂れ落ちています。まだ若かった私には強烈な光景でした。

「さあ、入れてみて。犬がするみたいにバックから交尾して」

そう言いながらお尻を揺する姿は、婿のセックスを試している義母の姿ではなく、まさにセックスに溺れたメスのようでした。

「わかりました、入れますね」

「して、早くして、その立派なマラを突き刺して」

「やだ、母さん、すごくいやらしい」

奈々枝も上擦った声をあげています。もう完全にアソコを丸見えにして夢中で指を動かし、グチュグチュと卑猥な音を響かせていました。

そのスタイルで挿入すると、さっきとは違う感じの締めつけがありました。その感じを味わいながら、ゆっくりと腰を動かしました。義母は、いわゆる下ツキだったのでしょう、正常位や座位のときよりも大きな声をあげはじめました。

「すごく気持ちいい。ねえ、正邦さん、いいマラ持ってるだけじゃなくて、腰使いもすごくうまいわよ。なんかもう、おかしくなりそう」

「ほんと？　ああ、私も早くしてみたいよおお」

義母と奈々枝は、同じように声をあげはじめました。私もすごくへんな気分になってきて、だれとセックスしてるのかわからなくなりました。しかも義母のアソコはどんどんキツくなってきて、私のものを締め上げてきます。

「だめだ、お義母さん、もう出そうです」

思わず言うと、義母はそれに答えるようにお尻を激しく揺さぶりました。

「母さんもイキそうなの？」

「イキそう、ねえ、私、イッちゃうよおお」

「ああ、だめです、そんなにお尻揺さぶったら、もう」

「私もイク！　二人のセックス見ながら、クリちゃんでイっちゃうよおおお」

もうどれがだれの声かわかりませんでした。ともかく私は、中に出すのだけは絶対に避けなければという思いと、義母のアソコのあまりの締め具合で頭が混乱し、もう夢中になって引き抜いたのを覚えています。

その瞬間、奈々枝が顔を突き出してきたので、思わず、その顔に向かって射精してしまいました。奈々枝は私の精液を浴びながら体をビクつかせてイってしまいました。そしてもちろん義母も、そのまま達してしまいました。しばらくの間、三人の大きな息使いだけが聞こえていました。

これが私の「初夜」の体験です。

その後、義母から「立派な婿」というお墨つきをもらい、私と奈々枝は晴れて結ばれました。子宝にも恵まれて、いまは義父母もいっしょに幸せに暮らしています。

最初のころ、義母に対しては気まずい気持ちもあったのですが、義母のほうはあっけらかんとしたもので、あの夜のことにはまったくふれることはありません。確かにこの村は、こんな風習を大切にしながら、さびれることもなく生きながらえているのだといまは納得しています。喜寿を迎えた義母には、もっともっと長生きしてほしいと思っています。

禁断《きんだん》告白《こくはく》スペシャル《すぺしゃる》 背徳《はいとく》の秘習《ひしゅう》——逆《さか》らえない性《せい》の掟《おきて》

二〇二二年 六 月 十 日 初版発行

編者◉素人投稿編集部【しろうととうこうへんしゅうぶ】

発行◉マドンナ社

発売◉二見書房

東京都千代田区神田三崎町二-一八-一一

電話 〇三-三五一五-二三一一(代表)

郵便振替 〇〇一七〇-四-二六三九

印刷◉株式会社堀内印刷所 製本◉株式会社村上製本所 落丁・乱丁本はお取替えいたします。定価は、カバーに表示してあります。

ISBN978-4-576-22073-4 ◉Printed in Japan ◉©マドンナ社

マドンナメイトが楽しめる! マドンナ社 **電子出版**(インターネット)……https://madonna.futami.co.jp/

Madonna Mate